鄭揚達◎著

澎湖的風土人文
與語文教學

序

在因緣際會下，三年前來到秀麗的後山就讀研究所。時光荏苒，隨著論文的完成，三個暑假的研究生旅程即將畫下美麗的句點。回首三年進修的時光，同學的歡笑聲陪伴著我走過疲憊、低落，是我前進的原動力。今天我能順利完成學業，要感謝許多人的協助、鼓勵與陪伴。

首先最感謝的是指導教授周慶華老師，在老師的叮嚀、指導與鼓舞之下，論文如期完成，從老師身上學習到的研究精神、處事態度，一生受用無窮。

感謝口試委員簡光明老師、王萬象老師在論文口試時提出許多寶貴的意見與指導，讓此論文可以修正的更加完備。

感謝洪文瓊老師、洪文珍老師與陳光明老師這三年來的指導與鼓勵，讓我的研究旅程一路順遂，你們的陪伴讓三年的炎夏暨愉悅又豐富。

感謝周遭的同學及好友們，孟嫻、嘉璇、瑞蓉、慧萍、麗珍、峰銘、彥佑、秀娟、惠敏、桂禎、秀萍、藍尹、培芳在課業及論文的鼎力協助與鼓勵；惠婷、慶生、志豪、玫姍、濟勤、柏緯、銘志、翠嬋、和義、一慧、意玲、建宇、信樺的鼓舞與陪伴。你們的關懷讓我倍感溫暖，使我得以將論文順利完成。

感謝家人三年來的支持與鼓勵，讓我可以把重心放在學業上。你們不時的關心電話讓我幸福的度過每個研究的日子。

　　感謝上天給我機會來到語文教育研究所，有著教授的諄諄教誨，有著同學們的熱情相伴，讓我在人生新頁中譜上絢麗的樂章。暑期班三年的研究時光隨著論文的發表告一段落，但這不是人生學習的終點站，只是休止符。我即將展開人生另一場旅程，不斷的迎接新挑戰……

　　澎湖是我生長的故鄉，故鄉的美一直是我的驕傲。教育主管機關近年來，致力推廣鄉土教育，希望藉由鄉土教育讓下一代更了解這片土地，在他們學習的過程中，培養愛鄉愛土的鄉土情懷。澎湖開發已久，風土人文資源豐富，這些資源是最佳的學習教材。因此，首先可以將澎湖海洋、植物、鳥類、玄武岩、廟宇古蹟、漁村、地名、宗教及民俗活動等納歸統整；其次，可以將這些教材規畫語文學習策略，策略的擬訂分為閱讀、說話、寫作及彈性課程；再次，可以將所研究規畫的內容轉換成應用性，設計相關的語文教學活動；最後，可以再探討推廣價值，讓在地的風土人文結合語文教學活動，使之深廣化。

鄭揚達　謹誌

2008.8.16

目　次

第一章

緒論

第一節 研究動機與研究問題

一、研究動機

「晚風輕拂澎湖灣，白浪逐沙灘，沒有椰林綴斜陽，只是一片海藍藍……澎湖灣，澎湖灣，外婆的澎湖灣，有我許多的童年幻想，陽光、沙灘、海浪、仙人掌……」（詞曲：葉佳修）這是名聞華人圈的民歌〈外婆的澎湖灣〉，我就是在這充滿陽光氣息的菊島長年生活著。

在澎湖成長的歷程中，我總是自由自在的奔馳於海邊，就像歌曲中的意境一般。澎湖四面臨海，幾乎各地到海邊都十分便利，所以小時候常與家族兄弟姐妹相約去海灘戲水、戶外遊戲打球。求學時代，我最喜歡與同學騎著車子，迎著風，在艷陽下出遊踏青，到海邊看海，讓自己放逐於海上。每當心事重重，總是與知心好友買東西到海岸堤防上談天，鹹鹹黏黏的海風吹在臉上，這種感覺是在咖啡館內無法體會的自然味，因此一路上結交許多知心好友。

　　當每個人長大後到外地求學謀職，才知道對故鄉親情及景物的思念有多殷切，我因此從臺北回到故鄉澎湖擔任教職，希望能在故鄉貢獻一己之力。我一直到升大學時才離開家鄉到臺北求學，求學過程中，同學總是不停詢問澎湖的相關資訊，我則以澎湖有得天獨厚、舉世聞名的玄武岩向他們推薦，還說明澎湖的海洋資源豐富、廟宇古蹟林立，是相當適合旅遊觀光的地區。但是從言談中，發現周遭同學對於澎湖的了解極少，大多只能回答：「到處都是海。」我與來自澎湖的朋友常會分享一個話題，就是大學同學對於澎湖的笑話，就曾聽過「你們是怎麼過來唸書的？騎水上摩托車？」「你們出門該不會都是划船吧？」甚至還有「你們澎湖有沒有電？該不會都是點蠟燭吧？」這類的問題常讓我們啼笑皆非，但是也覺得難過，原來澎湖在臺灣本島人的心中是這麼的落後，所以從小加強學生的文化素養是有必要的。

　　我在學校曾教學過某版的六年級國語課文〈菊島巡禮〉，文中提及澎湖部分著名景點，我就問學童澎湖有哪些鄉鎮市，全班沒有一位學童能完整而正確的回答，甚至有人把小地名都當作是鄉鎮市名。可見學童在學習過程中，有關自己家鄉的基本概念是缺乏的，更加深我將澎湖在地風土人文融入課程中的想法。

　　從我回澎湖擔任教職以來，帶學生戶外教學、參與學校的鄉土教材編撰，使我對澎湖的風土人文有更深的體會。鄉土情懷要能生根，就必須要透過教育的管道，及家庭、社會、政府一起努力，規畫完善的教材及鄉土環境，提供學童學習。所以我服務的學校，有感於現在學童對於自己生活的故鄉了解度不足，才要成立團隊進行鄉土教案的設計、鄉土教材的編撰，並且規畫日後將鄉土教材納入

學校本位課程中，藉以培養學童關愛鄉土、珍惜鄉土的心，以及對鄉土的了解。

當我們帶著學生戶外教學時，我們常常會解說名勝古蹟或是自然景觀，學生事後的學習回饋大多是學習單記錄各景點、日記一則等，很少將我們生活周遭的風土人文納入語文課程，讓學生在語文學習的過程中，順便了解自己的故鄉。

我服務的學校編撰的鄉土教材是獨立的彈性課程，編輯方式仿造社會課本，以說明、敘述為主，圖片為輔，這樣只是純知識學習，倘若要讓學童的學習效果更好，那就得將鄉土教育與語文教學結合。當中國語課是國小學童最常接觸的課程，發展一套鄉土文化融入語文教學的策略及活動課程，以後在國語課中，如果是單元有配合的文章，就可以規畫設計相關輔助課程，讓學童既可以學習課文中知識，還可以進一步認識生長地，喜愛成長地。

近年來，澎湖大力推展觀光業及商業活動，推動觀光總是以廣告、活動進行，卻常忽略了以文化推動的必要性。如果我們強調澎湖不單只是風景令人著迷，更要極力展現澎湖開發七百多年來的文化，例如澎湖褒歌、澎湖風俗等。近兩年來，澎湖縣政府已經開始規畫不同以往的澎湖之旅，不再只是強調自然景色或古蹟，還積極於推動在地文化，就是希望在冬季可以繼續經營觀光業；但是成效有限，畢竟宣傳效力不及臺灣其他縣市，媒體的報導更是少之又少，仍有再予改進的空間。

我藉這次的研究，全程透過資料收集、田野調查等，更深入的了解自己的家鄉，希望日後教學，能多引用在地文化作為例證，讓學生多了解澎湖的風土人文，並試予推廣。

二、研究問題

最近幾年，政府極力推動本土化教育，首重說「母語」，在學校則是每週有一天的母語日，就是讓學童在生活化的教學方式接觸本土。這是在語言層面，但是在地文化的教學卻忽略了，我們的學生上社會課本，內容提到全臺灣各地，介紹各地的風土人文，卻對自己生活的家鄉認知不足。當然這樣的問題，各縣市政府也都注意到了，開始投入資金人力創作屬於自己鄉土的繪本、書籍或雜誌，希望讓在地文化深植於每個人心中。以我所在的澎湖為例，請人編輯繪製開臺天后宮的繪本，還有像硓𥑮石等期刊，更辦理菊島文學獎、文學營，用以加深在地文化，這些相關書籍也都會送至學校，但是較少聽聞學校將此類資源結合於教學活動。原因依我的想法，在於內容不適合學生閱讀學習；再者教學時間有限，所以這些書籍對學生的幫助不大。

我雖然教學年資淺，但在多方接觸下，也約略了解許多學校或教師努力在推廣鄉土文化。他們以不同的形式進行，例如將廟宇建醮的習俗融入學校的鄉土教育課程等，但同樣也是極少有將在地風土人文與語文課程作結合的教學活動設計，以及討論相關的教學策略，以至迄今尚未見到有人建立相關的教學模式。

我有感於澎湖的風土人文較少與語文教學作結合，一心想作點改善，而試著以此議題來探索下列問題。

（一）未研究前不知在地風土人文特色如何彰顯？

澎湖的風土人文相當豐富，澎湖自從元代設官治理以來，已有七百年左右的歷史，七百年來名勝古蹟、人文習俗豐富，加上大自然鬼斧神工下的藝術品（例如玄武岩地形、蜿蜒曲折的海岸、硓𥑮石等），自然與人文匯集起來，澎湖的在地文化資源不見得比外界差。這幾年澎湖縣政府極力推動觀光事業，就是希望透過觀光去推銷澎湖，讓外界認識澎湖，進而喜愛澎湖。澎湖縣文化局也跟作家或學者共同推展澎湖文化，策畫了一系列的澎湖資產叢書，讓澎湖的自然環境、社會文化可以透過文字及照片流傳下來。但是這樣的叢書幾乎都很難進入學童的世界中，這就是我要研究的課題。

（二）研究實踐怎麼結合「在地風土人文」與「語文教學」？

每個區域的地風土人文大多十分豐富，只是看使用者如何運用，許多縣市（例如南投縣）（張麗芳，2007）或學校（例如我的學校——澎湖縣風櫃國小）都有自編的鄉土教材，這些鄉土教材大多融入各領域之中，或是獨立成為彈性課程。倘若在語文的閱讀活動、說話活動、寫作活動等結合在地文化，可以讓學生把既有的教材予以多面向的學習：閱讀活動可以讓學童更了解在地文化；說話活動可以讓學童表達自己的看法、認知及生活經驗；寫作活動可以讓學童透過紙筆表達自己的情感、想法等。坦白說，在教學現場，學校要求的成果幾乎都是眼見為憑的，所以將鄉土教材教學後，倘若是要展現成果，應該就屬寫作是最佳的方式吧！

（三）研究完成後該如何運用推廣？

　　研究完成後，首要的是自己的身體力行，當與其他同業談天時，可以順便提及在地文化結合語文教學的模式，讓這樣的模式推展出去。另一方面，也可以透過教育內化學童的在地情感，讓學童從小就在鄉土的薰陶下成長，相信他以後一定會深愛自己的家鄉、以書寫宣揚自己的家鄉。

第二節　研究目的與研究方法

一、研究目的

　　本研究的重點，經由理論架構的鋪陳，以及教學策略的擬定，進而規畫相關的語文教學課程，待研究完成後推廣實行，以培養學童的鄉土知識及情懷。「鄉土情懷」就是一種「族群的命運共同體的感情依歸」，對於這塊生存的土地，只要「愛它」、「關心它」且「認同它」，就能產生一種珍貴的「鄉土情懷」。（曾盛甲，2004）為了培養鄉土情懷，許多作家撰寫本土文學作品，使讀者透過閱讀產生認同及關懷，進而保護我們的土地，讓臺灣永續經營下去。本研究將以澎湖為例，探討相關的風土人文在語文教學上的應用，研究目的有下列三點：

（一）探討彰顯在地風土人文的途徑。

（二）探討將「在地風土人文」與「語文教學」實踐的方法。

（三）探討完成研究後的推廣方式。

二、研究方法

　　研究問題及目的都確立後，現在要將研究方法擇定陳述出來，讓讀者方便掌握整個論述的脈絡。本研究是「在地風土人文在語文教學上的應用」新概念的建立，屬於理論建構，而非實證研究模式。因為收集能力有限，加上研究地澎湖資源豐富，所以在研究文本的取樣就只能從諸多來源中有所取捨；研究中的相關資料及經驗的整理，需要仰賴各種相應的方法，包括：現象主義方法、地誌學方法、民族誌方法、詮釋學方法、社會學方法等。

　　現象主義方法，是指探討所經驗的語文現象的方法。（周慶華，2004：94-95）在本研究中的第二章文獻探討裡，將現今有關於風土人文、語文教學的定義，澎湖的自然及人文資源等，以個人的經驗去作整理、分析及批判，從而導出風土人文結合語文教學的方式及策略，所藉助的就是此一方法。

　　本研究第三章及第四章在論述及研究澎湖自然生態議題，對於「澎湖的海洋生物資源」、「陸上植物資源」、「季節鳥類資源」、「玄武岩地形」、「廟宇及古蹟」、「海岸地形與硓𥑮石」等課題有進一步的統整分析，是為了規畫第八章的教學活動設計作教材歸納統整，因為內容牽涉到地理、自然等，所以會運用到地誌學方法。

地誌學也可簡稱為地誌，它是揉合了希臘文中「地方」（topos）
和「書寫」（graphein）二字而成。因此，就字源來說，地誌學
乃是有關某一地方的描寫。但目前地誌學一詞的英文已有三
義：（一）是對某一地方的描繪，（二）是圖解，（三）是記實
方式如地圖、航海圖、鉅細靡遺地描繪地方或區域自然特質的
藝術或作法和某一地表的構形（包含其凹凸形狀及河川、湖
泊、道路、城市位置等等）。（顏忠賢，1996：3）

　　第三章及第四章所採用的地誌意義是「對某一地方的描繪」。
藉由地誌學方法將各項資料擷取來限定澎湖的自然生態特色，也建
立自然生態結合語文的教材資源。

　　第五章主要探討的是「澎湖風俗民情的特色」，包含幾項討論
議題：地名由來及其演變、漁村生活與海上交通、宗教與民俗活動
等，將運用民族誌方法來加以探討分析，希望藉由此方法將搜集到
的諸多資料整理出頭緒，有條理的陳述出來。

　　民族誌是一種描述群體或文化的藝術與科學……田野調查
是任何民族誌研究設計中最具代表性的一環。這個方法使所
有民族誌研究的設計具體化……在研究中，民族誌學家所能
想到的假說要比具體的發現來得多。在調查階段過後，民族
誌學家開始界定出地理性和觀念性的分界線……典型的民
族誌描述族群的歷史、所處的地理位置、親屬關係的模式、
象徵的符號、政治結構、經濟體系、教育或社會化系統以及
目標文化和主流文化之間的連結程度。（賴文福譯，2000：
15、26、32）

　　本章就是運用上述典型的民族誌方法，去探討澎湖地區的風俗民情；將風俗文化加以整理分析、交通模式分析比較、漁村生活與外界的比較、特殊民俗的說明。為了彌補文獻上的不足，我會運用民族誌中的田野調查法，實際訪查搜尋相關資料。

　　第六章要探討的是「澎湖風土人文在語文教學上的應用性」，包含幾項議題：離島文化紮根、培養鄉土情懷、語文涵養深廣化、發展離島觀光契機等。將以詮釋學方法來處理此章節。詮釋學方法，是指解析語文現象或以語文形式存在的事物所內蘊的意義的方法。（周慶華，2004：101）把澎湖既有的相關資料經由前三章歸納整理後，於此章將相關語文意涵加以詮釋。

　　第七章到第九章已經將進入「澎湖風土人文在語文教學應用的策略」、「澎湖風土人文結合語文教學的教學活動設計」、「澎湖風土人文在語文教學上應用的推廣」等主軸，內容依第三至五章的統整分析為素材，以社會學方法為架構處理這些素材，將地方風俗人文用社會學處理成語文教材，結合社會背景與語文，讓學童更了解，社會學方法，是指研究語文現象或以語文形式存在的事物所內蘊的社會背景的方法。它的有效性已經不是由「觀察」、「調查」、「實驗」等手段來保證，而是靠「解析」功力及其取證的依據。（周慶華，2004：87-88）本研究將此方法納入是取其語文帶有社會性，可以從我們的教學素材看出社會現象。而本研究的資料蒐集，包括民俗風情、澎湖早期特色文化等，在教學活動中，學生可以透過我們給予的語文教材了解先民的生活型態，進而內化成鄉土觀。

　　透過研究方法的提點將各章節作了簡單的說明，再來要將本研究中所涉及的概念及問題整理出來。

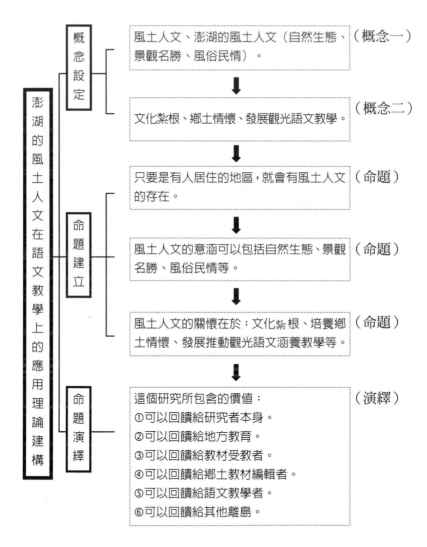

圖 1-2-1　本論述的理論建構示意圖

　　概念一：將研究中所有涉及到澎湖在地的概念及議題列出，包括：自然生態、景觀名勝、風俗民情等。

　　概念二：當以上研究中所涉及到的概念及議題整理分析後，就會涉及到文化紮根、鄉土情懷、發展觀光、語文涵養教學及推廣等層面，希望藉此產生新模式的語文教學策略及活動設計、培養鄉土情懷、推展觀光事業。

　　本研究概念一與概念二已設定清楚，接著建立命題以確認所欲研究的問題。試就本研究中「概念設定」、「命題建立」、「命題演繹」的發展進程，予以圖示如下：

第三節　研究範圍及其限制

一、研究範圍

　　本研究是以澎湖為例，處理在地風土人文融入語文教學的可能性。在第三章到第五章先處理澎湖在地風土人文；第六章處理在語文教學上的應用性；第七章處理在語文教學上應用的策略；第八章處理語文教學活動設計；第九章處理應用模式的推廣。處理的內容，包括：自然生態、景觀名勝、風俗民情等。

（一）澎湖的自然生態

1. 海洋生物資源：澎湖海洋資源豐富，在澎湖很早以前，生活比較貧困，海洋資源提供了澎湖居民大部分蛋白質的來源。澎湖四面環海，早期物資運輸又不易，而且農業較不發達，所以在飲食及謀生都仰賴大海，大海可以說是澎湖天然的糧倉。以前比較沒有保育及愛惜的觀念，以致有毒魚、炸魚、電魚等不法行徑破壞海洋生態。以我生長背景而言，小時候許多海洋食物常常都可以吃到，而且價格合理；但現在有些都已經是要保育的了。近幾年來，澎湖致力於觀光產業，漁業就是吸引觀光客的利器之一。他們來到澎湖就是想品嚐在地口味，但是海洋資源漸漸枯竭的問題越來越嚴重，也使得他們到澎湖消費總額也相對提高。就有人打趣的說：「到澎湖花的機票加食宿錢都可以讓我到香港玩了。」世界保育愈來愈受重視，澎湖也開始保育澎湖的稀少海洋生物，一方面禁捕，二方面孵育，就是希望讓澎湖的海洋永續經營下去。

2. 陸上植物資源：冬季的澎湖東北季風強盛且吹拂期長達五個月左右，加上東北季風夾帶鹽分（澎湖人俗稱鹹水煙），所以在海邊廣植防風林，也因為自然天候關係，所以防風林或路樹的物種不豐。在農業方面，澎湖年雨量稀少，降雨大多集中在五至八月的梅雨季和颱風季，加上終年日照時數長，蒸發量大，所以土地普遍乾旱，許多蔬果不適合種植，大多以瓜果類為主。澎湖現在植物中聲名遠播的當屬仙人掌，澎湖的乾旱天氣相當適合仙人掌的生長，所以在鄉下常常都可以看到野生仙人掌。

3. 季節鳥類資源：澎湖缺乏河川、森林等可以供鳥類繁殖下一代的棲息地，所以在候鳥遷徙的季節，就有各式鳥類飛抵澎湖，澎湖就像中繼站一般，提供候鳥們稍作休息。每年澎湖縣的野鳥協會都會辦理賞鳥活動，總是吸引賞鳥愛好者前往參與。

（二）澎湖的景觀與名勝

1. 玄武岩地形：澎湖幾乎所有的島嶼地質都是由玄武岩所構成的，澎湖可以說是以玄武岩為主的群島縣。玄武岩在澎湖生活中的運用更是處處可見。早期建築資源不易取得，所以就會利用周遭可以取得的東西作為建材，玄武岩就是居民倚賴的資源之一。種菜人家為了擋住強烈的東北風，所以會在菜田四周堆疊玄武岩塊，我們當地臺語稱為「菜宅」（蜂巢田）；早期民眾也會運用玄武岩塊堆疊石塔、鎮邪塔，或堆砌成圍牆、水井，或堆疊成石滬作為捕獲海洋資源的用具，所以玄武岩可以說是澎湖的自然寶藏。另一方面，玄武岩地貌更是讓人嘖嘖稱奇，每年都吸引遊客前往觀賞，也讓攝影愛好者喜愛不已。

2. 廟宇及古蹟：澎湖的寺廟到處可見，密度之高令人驚嘆。以我小時候的住家附近為例，我家門口往前走約兩分鐘就可以到王爺廟，出門左轉約兩分鐘就可以到城隍廟。此外，走出門約十五分鐘內的廟宇還有土地廟、水仙宮、天后宮、王爺廟等數間廟宇，密度相當的高。在鄉下村子裡，幾乎是每村至少一廟（黃有興，1992：45-51）。有許多村子裡的大小活動都與廟有密不可分的關係；居民在廟口談天說地，外來的

攤販在廟口販賣，每當慶典時更是全村總動員，可以說廟宇是維繫村子力量及情感的重要關鍵。澎湖於元代正式設官治理，迄今已七百多年了；明清時期，許多先民移居到澎湖開發，會建立廟宇為當地中心，所以許多廟宇都是古蹟。其中最值得一提的就是「開臺天后宮」，對澎湖的重要性極高，澎湖的縣治馬公市的「馬公」就是從「媽宮」轉來，也就是從開臺天后宮而來的。此外，還有清朝留下的古城門、古堡等，都是澎湖重要的古蹟資產。

3. 海岸地形與硓𥑮石：澎湖海岸線曲折且長，沙岸地形與岩岸地形都有，可以說是相當豐富。海岸地形的豐富總是令造訪者流連忘返，尤其七美島的海岸地形更是讓遊客稱讚不已；沙岸地形也形成另一種漁業文化，早期的居民會在海邊牽罟，是當時許多人家生活飲食或是經濟來源的方式之一。沙灘更是現在許多遊客或在地人喜歡出遊的地點，在潔白乾淨的沙灘上散步是令人舒服的事情；且沙灘可以戲水玩沙，更是小孩子周末或傍晚遊玩的好去處，所以海岸跟澎湖人的生活及觀光發展都有密不可分的關係。硓𥑮石乃珊瑚礁石灰岩的俗名，此種死亡的珊瑚骨骼，本地通稱為硓𥑮石或龜殼礁，自古就是澎湖居民重要的建築材料。（林長興主編，1992：98）澎湖先民因為缺乏建材，所以房子會用硓𥑮石興建，硓𥑮石也會運用在蜂巢田的堆疊上，可以說是十分實用的資源。

（三）澎湖風俗民情的特色

1. 地名由來及其演變：從民俗學上來看，臺灣初期的地名，充分表露出了先人純樸的感情與對生活的渴望。（洪敏麟，1985：8）澎湖現在許多地名都已經是修改過的；早期的地名大多都有其背後典故，是相當有意義的在地文化，十分值得與學童分享，讓學童可以更了解澎湖。當了解早期的地名後，就要與現在的地名作連結，讓學童了解其間的演變。

2. 漁村生活與海上交通：澎湖早期是以漁業為根基發展的，因此形成許多漁村聚落，也可以說許多早期聚落都是靠海發展出來的。澎湖最大的天然資產就是海洋，所以漁村生活與海洋息息相關。大候若差，漁民無法出海，漁村內就會十分熱鬧；天候許可，漁民幾乎都會出海捕撈漁獲。回港後，整個港邊熱鬧繁忙景象，更是漁村生活的一大特色。澎湖四面環海，大小島嶼星羅棋布，澎湖本島與其他離島之間幾乎都倚賴船隻，只有七美島可以有班機飛抵馬公，所以海象就是澎湖海上運輸的重要因素。近年來，海上觀光事業越來越發達，所以海上交通也跟著興盛起來，夏天港口都停滿了準備出航的觀光船，相當熱鬧。

3. 宗教與民俗活動：宗教信仰是社會文化之一。澎湖許多的大型活動都與宗教廟宇有關係，例如元宵節的乞龜、媽祖海上遶境等。這幾年來，澎湖縣政府還擴大辦理元宵節的活動，場面都相當浩大熱鬧。澎湖的傳統婚嫁習俗，家中有要娶媳婦，就會發送親朋好友「炸棗」，這也是澎湖的特色。後續

相關章節就要將澎湖的民俗特色統整列出，作為語文教學的教材。

（四）在語文教學上的應用

語文是學童能力的基礎學科，將上述統整內容加以整理，構設出在地風土民情融入語文教學的策略，進而產出教學活動設計，作為日後教學的參考，也讓鄉土教材教學多元化。

（五）風土人文融入語文教學的推廣

作研究就是要有推廣的價值，身為第一線的教師，教學是我們每天的工作，有新的教學想法就是學童的福利。所以當研究完成後，將這樣的想法推廣出去，讓我們真正把鄉土深根在學童的心中。

二、研究限制

本研究以澎湖縣為例進行在地風土民情融入語文教學的應用研究，因為澎湖開發已久、自然資源豐富且許多習俗資料都已不可考，再加上研究時間有限，所以無法全部納入本研究。本研究強調澎湖在地風土民情，所以在取材上儘量採用澎湖的特色，例如：第三章的海洋資源、第四章的玄武岩等。因為這類資料我自己取得及研究不易，所以會多採用相關研究專書或期刊論文，再將這些內容整理歸納。在研究上儘量尋求適切的研究方法作思考及分析，再進一步歸納、演繹、詮釋，因此本研究可能有不盡詳盡之處。

　　本研究在探討分析時，僅僅將重點放在資料整理，然後構設融入語文教學的活動及策略，對於書籍編輯者、書籍內提及的訪談者，都不在本研究範圍內。

第二章

文獻探討

第一節　澎湖的風土人文

　　所謂風土是指一個地方特有的自然環境和風俗、習慣的總稱。(國語日報出版中心，2005：1959) 簡單來說，就是一個地方的風俗習慣和自然地理環境的總和概念。至於風土人文，以教育部國語推行委員會所定義的風土來說，風俗習慣就是人文的一種，而人文就是人類的各種文化現象。目前尚未有對於「澎湖風土人文」的學術研究成果，所以本節僅討論澎湖風土人文之中部分項目的相關文獻。

　　澎湖縣下轄一市五鄉，分別是馬公市、湖西鄉、白沙鄉、西嶼鄉、望安鄉、七美鄉，縣治設於馬公市。澎湖位在臺灣及中國大陸之間的臺灣海峽上，由大小不等的九十座島嶼所組成的島縣(如圖2-1-1)。

　　澎湖因為開發已久，以及自然生態特殊，所以在自然景觀及風土人文都極具價值。2001 年農委會地保育小組排定澎湖為南部區域推動地質公園的第一優先。

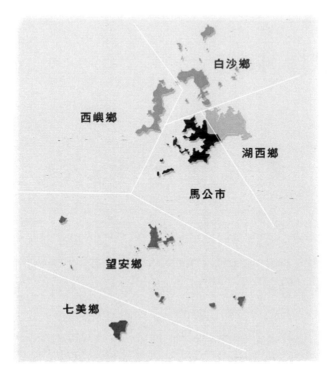

圖 2-1-1　澎湖縣地圖（圖片出處：澎湖縣政府網站，2008）

　　文建會也指定為世界襲產潛力點。（王鑫等，2005：111）因此，
澎湖縣政府極力推動澎湖成為聯合國教科文組織（UNESCO）提出
的概念「地質公園（geoparks）」，其目的是保護特殊地質現象與地
形景觀。（同上）澎湖是由大小不等的九十個島嶼所組成的「島縣」，
四面環海，漁業發達，可以稱得上是海洋文化區域。（葉連鵬，2005：
117）文化是一群人在某地區經過長時間生活所延續的共同表現，
含有人類創造和使用的象徵和器物；換句話說，它是以象徵形式體
現的意義模式，用來描述任何群體所共有的行為舉止、服飾禮儀、

風俗習慣、價值規範、信仰系統等。（葉連鵬，2005：119）而海洋文化的定義就是人類創造和使用與海洋有關的象徵和器物，以自然活動為基礎，並以精神活動為其高形式。（同上）澎湖的早期經濟來源是漁業，由於氣候惡劣，土地貧瘠，農業不興盛，只能栽種較耐旱的蔬菜，居民的三餐溫飽大多取自於海洋，所以長期以來許多風俗文化深受海洋影響，如小島與小島之間需依賴船舶聯繫，航海業隨之發展。冬季時，東北季風強勁，離島民眾需忍著大浪乘船，只為了返家或是出外就醫、採買，這些惡劣的自然條件磨練出澎湖居民刻苦耐勞的精神，這也是海洋文化的性格呈現。澎湖四面環海，加上又有黑潮支流通過，所以漁業資源豐富、捕魚業盛行。漁民們都希望祈求平安豐收，他們將這份期望寄託於宗教的力量，侍奉王爺、媽祖等神祇，也形成海洋漁村文化。在黃有興的著作《澎湖的民間信仰》中提到，澎湖較大的廟宇，幾乎都翻修了，有部分建築費是由廟宇轄內的漁船就漁貨所得中捐獻的（如表 2-1-1 所呈現）。（黃有興，1992：52-53）

　　由表 2-1-1 廟宇捐款明細一覽表可以看出，雖然生活溫飽很重要，但是漁民仍然願意將自己的部分收入提撥作為廟宇整修的經費；對於他們來說神祇是重要的，所以當村子內的廟宇建醮時，村民總是放下手邊工作積極參予。例如馬公市風櫃里溫王殿送「五府千歲」活動，據高繼智的考察：「五府千歲自從 1966 年駐紮該里後，神威顯赫，合境平安」。（黃有興，1992：189）所以村民們辦一系列活動（海陸遶境、酬神慶典等）歡送五府千歲。總之，在澎湖海洋與宗教有密不可分的關係，海洋、宗教、人們生活交織成具有特色的「海洋民俗文化」。

表 2-1-1　廟宇捐款明細一覽表（資料來源：黃有興，1992：52 53）

新建寺廟名稱	旅外同鄉捐獻	轄內漁船捐獻	家戶捐獻	總工程費	備考
馬公市山水里上帝廟	新臺幣一四〇萬元	新臺幣七八〇萬元	新臺幣八〇萬元	新臺幣一〇〇〇萬元	一、漁船每月，每艘，大船捐一千元，中船捐八百元，小船捐七百元。 二、家戶係自由樂捐，無分攤情事。
白沙鄉赤崁村龍德宮	新臺幣二〇〇萬三千元	新臺幣二五〇萬元	新臺幣三〇〇萬元	新臺幣七五〇萬三千元	漁船、家戶均自由樂捐。
西嶼鄉竹灣村大義宮	新臺幣三〇〇萬元	新臺幣八〇萬元	新臺幣三二〇萬元	新臺幣一六〇〇萬元（其中九〇〇萬元係外縣市信徒所捐獻）	未採分攤方式，均自由樂捐。
西嶼鄉赤馬村李王廟	新臺幣七〇〇萬元	新臺幣一五〇萬元	新臺幣一五〇萬元	新臺幣一〇〇〇萬元	一、含農作物收益捐獻。 二、漁船以每季收入之〇‧一至〇‧三作為捐獻之用。 三、民眾義務勞動，以工資代作捐獻。 四、家戶自由樂捐。

澎湖的地質幾乎都是由玄武岩組成，除了花嶼之外，都以玄武岩質的火山熔岩為主體。（林長興主編，1992：40）所以在澎湖各島嶼四處都可以看見熔岩冷卻後所形成的玄武岩柱。臺灣大學地理環境資源系教授王鑫認為：「澎湖玄武岩保留區的景觀和世界級的北愛爾蘭玄武岩地形相比毫不遜色，甚至猶有過之！」（林孟龍等，2004：179）由此可知，澎湖的玄武岩是世界級的資產，除了這項重要的象徵之外，玄武岩更是早期澎湖人生活上的重要建材；到了今天，玄武岩已經成為推銷澎湖的最佳資源。以前我去西嶼鄉時，就有遇過觀光客們騎著機車找尋「大果葉」。還有澎湖的離島「桶盤嶼」是遊艇業者規畫南海四島行程的其中一個島，在《臺灣的國家風景區》一書中有提到桶盤嶼島上遍布壯麗雄偉的柱狀玄武岩，堪稱澎湖之最，因此又有「澎湖的黃石公園」之稱。（同上）澎湖的玄武岩是無法再生的自然資產，倘若是遭到破壞，就無法恢復原貌了。政府為了保護這上天賜予的禮物，在 1992 年 3 月 12 日依照文化資源保存法，將錠鉤嶼、雞善嶼及小白沙嶼規畫並且公告為「澎湖玄武岩自然保留區」，希望藉此保存珍貴的玄武岩，讓資源永續，也讓澎湖的觀光產業恆久經營下去。

第二節　澎湖與臺灣其他離島風土人文的比較

臺灣地處東亞要衝，是以海洋島嶼為主的國家。以目前我國管轄領域看來，在二十五縣市中就有三個是島縣，包含了澎湖縣、金

門縣、連江縣；而部分本島縣市也有其附屬離島，例如臺東縣下轄
蘭嶼及綠島、屏東縣下轄小琉球島等，這些附屬離島雖然狹小，人
口數不多（詳細人口如表 2-2-1），但是人文風俗仍是十分豐富。

表 2-2-1　離島人口總數覽表

編號	所屬縣市	島嶼名稱	人口數
一	臺東縣	蘭嶼（鄉）	4,032
二	臺東縣	綠島（鄉）	3,168
三	屏東縣	琉球（鄉）	12,559

（資料來源：中華民國內政部戶政司，2008）

　　在三個離島縣市部分，人口數以澎湖縣最多，金門縣其次，連
江縣則是全國人口數最少的縣市（詳細人口如表 2-2-2）。

表 2-2-2　離島縣市人口總數覽表

編號	縣市名稱	人口數
一	澎湖縣	93,181
二	金門縣	84,108
三	連江縣	9,807

（資料來源：中華民國內政部戶政司，2008）

　　在全國各離島中，海洋文化都是各島嶼發展的重點，但是因為
從古到今，各島嶼在臺灣主文化發展下，也建立起各自獨特的次文
化，而這些次文化與其島嶼本身的條件或習俗有著不可分割的關連
性。例如金門縣的風獅爺和蘭嶼達悟族的飛魚文化、拼板舟等，透

過這些次文化的傳承，讓外界對於各島嶼的在地文化，有更多元、更深入的體會了解。

　　我在研究澎湖在地文化的同時也加入其他離島的文化作說明，讓離島文化的獨特性更凸顯，同時也藉為看出各離島風土人文彼此仍舊存在的細微差異。在此我就以金門縣、連江縣、臺東縣的蘭嶼及綠島作說明比較。

一、金門縣

　　金門縣是由十九個大小不等的島嶼所組成的海島縣，其中以金門本島及烈嶼為最主要的島嶼。

　　國人自古以來就很重視人與自然和超自然之間彼此關係的和諧……天界、明界和陰界是和諧共處的，倘若人與其間的關係有了不符合人們原先的假設與判斷時，便稱「沖犯」，也叫「沖煞」或「犯煞」。（陳炳容，1996：4）這個時候人們就會使用各種圖像或是相關器物來避煞，例如風獅爺、石敢當等。在金門的聚落和住宅設計辟邪物十分普遍，其中最具特色的當屬風獅爺。金門居民用風獅爺來壓制風煞，包括設計在地面的「村落風獅爺」和立於厝頂的「屋頂風獅爺」，是金門最特殊的民間信仰和別具風格的鄉土景觀。（陳炳容，1996：15）金門縣風獅爺尚存有 68 尊，分布在 52 個村落裡。（倪進誠，2004：207）。而傳統的風獅爺已經成為金門的特色之一，因此有關風獅爺的相關紀念品也不斷推陳出新，讓傳統文化結合觀光產業，促進在地發展。

　　金門縣尚有兩項極具當地特色的重要文化資產，更是外地遊客必定造訪的行程。其一為戰地史蹟；其二為閩南聚落。在戰地文化

方面，自從 1949 年政府搬遷來臺，金門變成反共的前哨站。1956
年開始實施軍治，一直到 1992 年才回歸地方自治。（魏宏晉，2004：
156）金門四處都是防禦工事，古寧頭戰役等的洗禮，更是讓金門
處處留下戰火的痕跡。從「八二三砲戰」等戰役一直到中國大陸後
來停火後，共對金門發射了近百萬枚的砲彈，這些留下的不僅是令
人深刻的戰爭遺跡，還包括了未來的商機；如今這些廢棄不用的砲
彈就在金門製刀師傅的巧手下，打造成一把把名聞遐邇的「金門菜
刀」，每當遊客造訪金門，常常買把金門菜刀當作紀念品或是伴手禮。

　　早期戰火及備戰的背景下，金門開發有限，也因此許多人文史
蹟都保留下來，在 1995 年成立為國家公園，是我國第六座國家公
園，也是首座以維護歷史文化資產、戰役紀念為主，並兼具自然資
源保育功能的國家公園。（魏宏晉，2004：146）成立國家公園後，
相關文化資產可以獲得更好的維護及保障，除了方才提到的戰地文
化，還有就是閩南聚落文化，這是臺灣保有最完整的閩南式建築聚
落。傳統的閩南建築是金門國家園區重要的文化資產，有七個具有
代表性的聚落，大多維持傳統漳州、泉州式的建築風格；這些傳統
聚落也是外地遊客駐足流連之地，欣賞建築匠師們高超技藝的建築
之美。

　　金門最為世人所熟知的就是「金門特級高粱」，金門種植高粱
已經不是當作糧食作物，而是轉化成經濟作物，高粱在金門不單用
於釀酒，金門民眾更拿來釀製高粱醋，還製作成香氣四溢的高粱香
腸，種種美食提供給遊客選購，也是金門民眾送禮的第一首選。金
門酒廠實業更在自家的網站上頭教導民眾如何細細品嚐金門高粱
的美，透過各種食材結合成的調酒更是讓人看了就忍不住想小酌一

杯。金門酒廠也成立了觀光酒廠，讓到金門觀光的旅客，可以在舒服優美的環境下消費，目的也是希望可以締造更豐碩的業績。

二、連江縣

連江縣現在大多簡稱為「馬祖」。馬祖是由四十餘處大小島礁所組成的馬祖列島，猶如鎖鏈般羅列在臺灣海峽的北端（楊慧梅、梁美玲，2004：22）；馬祖因為地處臺灣海峽北部，為臺灣前線的防禦堡壘，早年是抵禦中國大陸的最前線，因此戰地風貌也是馬祖的特色之一。政府剛來臺灣，馬祖以戰地政務治理，一直到 1992年政府宣布實施地方自治，1993 年起由人民直選縣長迄今。（柯金源、葉怡君，2006：47）馬祖列島主要由五大島嶼所組成，包含北竿、南竿、東莒、西莒、東引，其中以北竿及南竿為最主要的發展中心，縣治設在南竿。

馬祖的環境破壞較少，是鳥類棲息的天堂，在連江縣政府的網路首頁就有提到馬祖可以說是「燕鷗的故鄉」，其中最受世人矚目的是「黑嘴端鳳頭燕鷗」，也稱為「傳說中的神話鳥」。此種燕鷗為全世界四十餘種燕鷗中數量最稀有的，國際生態界一度將其視為「瀕臨絕種」鳥類。如今在馬祖常出現，甚至有繁殖、育雛的嘗試，成為此種燕鷗全球唯一被記錄到有繁殖行為的地區。（李光中、李培芬，2004：175）馬祖地處潮流交會處，所以海洋生物繁衍眾多，其中小魚不但可以作為經濟漁貨，更提供了鳥類營養豐富的食物。由於馬祖位在東亞候鳥遷徙路線，每年都有無數的鳥類來此度寒冬、繁衍下一代，發現的鳥類紀錄超過二百種，其中包括許多保育類的燕鷗；所以早在 2000 年 1 月 26 日成立「馬祖列島燕鷗保護區」

（李光中、李培芬，2004：172），希望讓世界級的燕鷗群可以有安全的環境棲息，這也是我國為世界保育盡心力的最佳表現。

　　馬祖也與澎湖一樣，深受季風的影響，其中冬天的東北季風對於居民的生活諸多不便，例如船隻無法出海、建築物需要考量「風」來建築。在楊慧梅、梁美玲合著《連江風雲》中有提到東引耆老陳瑞琛所說的一段話：

> 在馬祖小島上的人生看法：實在而簡樸。就地取材的花崗岩或青斗石，堆砌起一方間足以撼阻強大海風的安身之室，即使要遮風避雨，也要以最小的成本與大自然周旋，那屋頂上壓著方瓦的石塊，就是馬祖人勤儉持家的寫照，不只防風掀瓦，還能通風透氣，而且更加方便換瓦修屋。（楊慧梅、梁美玲，2004：38）

　　馬祖為了避免冬天的風勢過強影響生活，許多窗戶都開向背風面；我們可以從上段訪談中得知，馬祖獨具特色的房子是有其背景典故的。在馬祖的傳統聚落房子，以芹壁聚落為最著名，此地近年來人口外移，所以人為破壞較少，使得聚落房子可以較為完整的保留下來。芹壁近來成為文人雅士及臺灣遊客的最愛：望海的民居被闢為咖啡屋（倪進誠，2004：180），也為馬祖的觀光創造了另一項潛力無窮的商機。

三、臺東縣蘭嶼鄉

　　蘭嶼與澎湖一樣都是火山作用所形成的島嶼，全島大多為山丘地形，居住著臺灣正式公告的十二族原住民之一，那就是達悟族。

以往都稱「達悟族」為「雅美族」，如今已經正名為「達悟族」。達悟族久居蘭嶼，因為與本島有段距離，所以與其他十一族相較，漢化沒有那麼深，因此保留許多傳統的習俗文化，最為世人所知的就是「丁字褲」。

達悟族是海洋的民族，同時蘭嶼也是臺灣眾多離島中唯一以原住民居多的島嶼。蘭嶼地處太平洋，在每年颱風季，蘭嶼總是首當其衝，風勢雨勢都十分驚人，

因此他們為了適應天氣，也發展出獨特的住宅「地下屋」。

> 地下屋由地下築起，分成主屋（地下屋）、高屋（工作屋）、涼臺及庭院，屋頂還鋪有茅草，是達悟族人珍貴的文化資產。由於蘭嶼天氣炎熱，島上多颱風，又沒有高山可供屏障，老祖先因此流傳下這種可以遮風擋雨的地下屋；每當下雨時，地下屋以鵝卵石鋪底的地面，能讓雨水滲進地下，連接天然水道，最後流入海中。（余榮欽等，2004：8）

由上段引文可以得知，達悟人的智慧充分運用在生活上，這樣的房子符合現今的世界潮流「綠色建築」、「節能減碳」，達到「環保」的功效。他們興建涼臺，能讓他們在日正當頭時，可以避暑乘涼；主屋興建在地下，冬天時可以抵禦寒風，比較有保暖作用，達悟老祖先的智慧實在令人欽佩。只是政府為了改善當地人的生活品質，希望可以解決以往主屋光線不足、缺乏衛浴設備等問題，所以興建了國宅；但是這樣的國宅似乎未考量到當地的氣候，許多玻璃窗戶不堪強風暴雨的侵襲而破損。可見在傳統的智慧與新時代的生活要取得平衡，還是需要更多新的智慧與付出。

　　達悟族還有一項有名的文化，那就是「飛魚文化」。飛魚祭雖然是傳統文化，但是現在仍為達悟族人所重視。每年的 3 至 7 月，飛魚會隨著黑潮北上，他們必須要舉辦祭儀才可以出海捕魚。在 3 到 5 月間大船出海捕魚，燃燒火炬誘魚，再用網撈，為集體行動；5 到 7 月可用個人小船，白天以網撈或垂釣；至 7 月 1 日飛魚祭結束。（倪進誠，2004：128）他們傳統是先團體行動再個別捕撈，從這點可以得知達悟族人的族群團結；要先大家都獲得溫飽，再去想到個人；同時，他們也相當尊重飛魚，這樣人與自然的和諧共處，不過渡捕撈，才可以讓自然資源生生不息。此外，他們吃不完的魚會將內臟挖除清洗乾淨曬成魚乾，飛魚乾就十分常見，也為非捕魚季預作存糧。下表是蘭嶼漁人部落飛魚季年度整理表。

表 2-2-3　蘭嶼歲時曆表

蘭嶼曆	國曆	歲時祭儀
1 月（Kapowan paneneb）	2 月	招喊飛魚日、出海捕魚
2 月（Pkawkawod）	3 月	（飛魚季）海上招喊飛魚儀式、飛魚帶回家儀式
3 月（Papataow）	4 月	（飛魚季）捕飛魚儀式、舀水祭、螃蟹祭、收割小米、解除飛魚禁忌日
4 月（Pipilapila）	5 月	（飛魚季）石沉月。儲存及切割飛魚乾、造屋及造船的預備工作
5 月（Apiavean）	6 月	（飛魚季）收穫祭儀式、建造房屋、建造有雕刻的船
6 月（Omood do piyavean）	7 月	（飛魚季）房屋的落成典禮、船的下水典禮
7 月（Pitanatana）	8 月	（飛魚季）採陶土、製陶、燒陶
8 月（Kaliman）	9 月	（飛魚季）停吃飛魚乾、製作普通船、災難來到、驅除惡靈
12 月（Kasiaman）	1 月	大船修護、儲存魚乾、捕捉海鳥、理頭髮

（資料來源：柯金源、葉怡君，2006：303）

　　蘭嶼的海洋文化除了飛魚祭外，還有一大特色，就是拼板舟。拼板舟可以分成大船和小船，他們製造拼板舟的技術及裝飾美可以說是獨步全球。他們在拼板舟的材質選擇上充分展現達悟人的對於植物特性的了解。以下將倪進誠的研究記載彙整成表格。

表 2-2-4　蘭嶼拼板舟結構統整表

船體構造	適合運用木材	使用的考量因素
龍骨（船首）龍骨（船尾）	多利用欖仁舅或臺東龍眼接近地面的主幹或板根	船首船尾常會撞擊礁石，所以需要堅硬木質。
龍骨（船底）	臺東龍眼、蘭嶼赤楠、蘭嶼福木	船底因龍骨入港時需拖拉磨擦，所以使用耐腐耐磨的硬材。
兩舷側板	寬大板根的臺灣膠木、麵包樹是船舷側板的主要材料	為了使船身不致太重，所以選擇質地較輕軟的木料

（資料來源：倪進誠，2004：130-131）

　　蘭嶼早期傳入基督教，基督教不單只是他們的宗教信仰，還深深影響他們的文化，例如在他們的拼板舟上的紋飾就有十字架，作為守護船隻及人身安全的象徵。

四、臺東縣綠島鄉

　　綠島是火山作用所形的島嶼，原名「火燒島」，在大家印象中的綠島，就是監獄，是一個收容犯罪人的地方。但今天的綠島已經擺脫往日的形象，全力衝刺觀光產業，例如海底溫泉。這個海底溫泉所以聞名，是因為全世界僅有三處海底溫泉，我們臺灣就佔有一處，每年都吸引眾多遊客來此泡湯紓解身心。此外，綠島也位在黑

潮流經處，海洋資源豐富，海底生態多元，珊瑚礁、魚群數量眾多，所以浮潛是綠島大力推展的觀光事業。

綠島還有一項重要的觀光資源「梅花鹿」。1971 年是綠島飼養梅花鹿的極盛時期。以往飼養梅花鹿是綠島民眾的副業，因此綠島也有「鹿島」之稱。（倪進誠，2004：105）此後因為種種因素逐漸沒落，到了 1986 年起鹿價慘跌，鄉公所就將梅花鹿放逐於山林之間；如果是外地的遊客到綠島一遊，想必會規畫與梅花鹿近距離接觸的行程，這也是綠島發展觀光的有利條件之一。

五、屏東縣琉球鄉

小琉球位在屏東縣的外海，土地約 6.8 平方公里，地小卻人稠。根據內政部戶政司到 2008 年 11 月底的人口統計數據顯示，設籍居民共有 12,559 人。（內政部戶政司，2008）平均每平方公里約 1847 人，人口密度之高，可以說是臺灣諸多離島中人口最密集的一個。小琉球因為土壤及水文的因素，農業較不發達，居民多以漁業為生，靠海為生的民眾對於宗教信仰十分虔誠，小琉球就是相當好的例證。我在前面章節提過澎湖對於宗教信仰的虔誠，廟宇眾多。小琉球更是廟宇密度高居全國第一的地方，才 6.8 平方公里的小島，竟然蓋了超過 85 間正式廟宇，這還不計入私家神壇或小道觀。（柯金源、葉怡君，2006：378）在小琉球，宗教與他們的生活密不可分；甚至他們在捕魚時，如果漁獲量不佳，就會擲筊問神明，希望神明指引他們滿載而歸。

整體來說，在澎湖、金門、馬祖、小琉球等土壤都較為貧瘠，不適合農耕，僅僅只能種植一些乾旱作物，所以居民仰賴海洋的程

度相當高，自然文化也深受海洋影響。祭祀拜拜都是村民年度的大活動，這樣的風俗習慣在今日是需要被保留的，它能讓社區更團結，親友之間的情誼也可以透過廟宇的建醮慶典越來越濃厚。

在水文及氣候方面，普遍缺乏水流豐沛的溪流，早期多仰賴地下水。隨著水庫的開發，民眾有自來水可以飲用，但是這些地方年雨量偏低，加上降雨大多分布在颱風季節，又日照強烈，蒸發量大，使得水資源不足，政府於是決定在缺乏水源的地方興建海水淡化廠。根據經濟部水利署全球資訊網的內容，在澎湖、金門、馬祖等地都有興建，透過海水淡化補足民生用水；近幾年來，離島大力推展觀光，用水需求量增加，也讓政府興建更多的海水淡化廠，讓民眾免除無水可用的窘境，有利觀光產業的蓬勃發展。

在風勢方面，離島普遍都有東北季風的問題，加上大多以捕魚為業，所以在各項設施的建設上都要特別用心。例如漁港大多興築在背風面，房子是坐北朝南興建；還有像金門的風獅爺等鎮煞物，都是人與大自然相抗衡，希望求得協調的最佳方式。

第三節　澎湖的風土人文在教學上應用現況

澎湖縣政府文化局長年來推動澎湖的文化深耕，不時出版各項文學、攝影、藝術類等刊物，舉辦研討會、菊島文學獎和辦理菊島文藝營，也發行在地刊物，例如《硓𥑮石》，這些都是在地的風土人文在語文教學上的間接應用。

　　菊島文藝營是文化局辦理給澎湖高中職青年學子們的語文活動，希望藉由文藝營栽培青年作家，寫作題材以在地文化作為主題，厚植澎湖的海洋文學。例如第一屆菊島文藝營的主題是「書寫澎湖石滬文化」，許多學子寫出自己對於家鄉石滬的情懷，更加深學子對家鄉的認同。如林思好寫到居民冒著危險巡視石滬，再寫到從以前的經濟用途的石滬到今日的石滬（王國裕，2006：10），在在展現對在地文化的了解。又如吳俊輝提到澎湖的石滬最多也最大，把自己親身探訪石滬的感受透過筆墨一一細數，包括提到自己看石滬的感覺、聽解說的感想等（王國裕，2006：42-43），把在地文化與自己作結合，讓傳統的石滬更發揚光大。石滬對於澎湖早期居民十分重要，如今隨著工商業的發達，已經漸漸從經濟轉化為觀光，但是石滬文化的傳承就是需要這些老師或是文字工作者繼續流傳下去。

　　文化局一系列的作品出刊，是希望讓在地的文化保留、薪傳；尤其早期的文化資產離現在的學童來說，已經十分遙遠，他們對於風俗民情的了解也越來越少，文化局書籍的出版，讓往後世世代代都能了解澎湖的在地文化。在林文義繪著的《赤腳童顏》一書中，當時澎湖的代理縣長鄭烈就寫序提及：

> 本縣文化中心已出版「走過從前」、「媽宮情懷」、「白沙風情」
> 等澎湖舊照片專輯，這些珍貴的畫面，解讀著澎湖人在某一
> 段時空裡的歷史，但那些已消逝的童年情景，並沒有在鏡頭
> 下留下太多的痕跡。希望藉由本書冊的出版，重現記憶底層
> 已淡出的生活印象，讓往日童騃無邪的笑聲依舊飄蕩至今。
> （林文義，1997：5）

　　林文義透過文字與圖畫的結合，把早期生活點滴一一化成文字與圖像，以類似詩歌的風格寫作，這樣的方式對於學童來說相當有趣，我們希望孩子閱讀的同時，也應該讓他們快樂的讀，讀這麼有趣又活潑的文化書籍。它不但可以達到閱讀的效果，更可以讓孩子在認知的過程中了解與他們現在生活截然不同的早期生活點滴。

　　澎湖縣文化局已舉辦多屆「菊島文學獎」，其中有一項是中學組，鼓勵學子參與寫作；且在社會組的部分，不乏在職教師執筆參賽。以第六屆散文組佳作得獎者徐姓教師為例，他的作品名稱為《預想回憶》。他在預想在望安的點點滴滴，融合了教學、友情、親情、景物等（王國裕，2004：91-98），讓人看了真的很想到望安一探究竟。我也訪問了作者本人，問他對於參與菊島文學獎的感想。以下是雙方在 2008 年 12 月 3 號的訪談內容：

　　我：請問徐先生是哪裡人？

　　徐：臺南歸仁，今年是到澎湖的第八年。

　　我：我從朋友得知您曾參加第六屆菊島文學獎，並且榮獲散文組佳作，最初是什麼樣的動機讓你參與投稿？

　　徐：想寫下一篇在澎湖的記憶，順便實現一下自己投稿的願望，這是我第一次投稿，沒想到就可以得到佳作。

　　我：您當初寫這篇散文的背景為何？是因為澎湖的景？還是自我的精進？或是其他因素？

　　徐：因為身處這裡，感覺教師流動率高，今年共事的同事可能明年就調走了，所以就先預設了一下當我離開這裡以後，將來再回來會有什麼樣的感覺，這裡又會有什麼改變。

　　我：那您覺得寫這篇散文會不會加深您對澎湖的情懷？

徐：這篇文章讓澎湖在我心裡留下了一個很深的印象，不過沒想到的是，我也在澎湖待了那麼久。

我：您覺得參與這樣的文學活動，對於您在學校語文教學工作有無助益？

徐：這也能算是教師在考驗自己的能力吧！而且也能當作激勵小朋友努力的目標，也是一個最好的例子。

我：從這邊散文可以看出您文學造詣頗深，那您是否有在學校從事文學欣賞教學？或是說指導學生如何寫作文？

徐：因為是科任教師，所以較少能夠有指導學生寫作文的課。今年因為有五年級的彈性課，才能用來加強學生的作文，順便也磨練一下自己的能力。

我：以您自己的教學經驗而言，以澎湖為題材的語文寫作，對於學生來說，他們的寫作情況如何？

徐：以澎湖「氣候、海洋、漁業、當地產業」為寫作題目對我的學生來講，是比較容易發揮的項目。因為這是他們日常生活中最常碰觸到的部分。其他以澎湖的人、事、物為題目的話，要看學生是否有接觸過，身為離島的離島，學生跟外界的接觸仍是略有不足，光只是圖片、影片或文字的接觸，對學生來說印象並不夠深刻，所以下筆也比較有所遲疑。

　　在訪談過程中，我對於對方有一段話最為欣賞：「這也能算是教師在考驗自己的能力吧。而且也能當做激勵小朋友努力的目標，也是一個最好的例子。」我們常常都讓學生去參加作文比賽，坦白說，有時並非學生自己的意願，而是被推派出去，或許在學童的心

中有一個問號存在：為何我們都要參加作文？以及每學期都規定學童要寫多少篇的作文，有些學童就會語多抱怨。像徐姓教師這樣親身參與，我相信對於孩子參與各項競賽有一定的鼓舞作用；同時對於他的教學專業也有加分的作用。語文教學的專業不是一蹴可幾的，徐姓教師這樣的精進自己個人專業，最大受益人不是他自己，而是他任教的學生們。

　　澎湖許多學校都有出版在地化教材，以我自己任教的馬公市風櫃國小為例。

　　我任教於馬公市風櫃國小，在我未到風櫃任職前，學校曾編輯出刊澎湖群島的魚類及貝類圖鑑，而且分送給澎湖縣各級學校，還有國家圖書館收藏。這套書籍彙編了澎湖現有的魚類及貝類，提供查詢。為了更了解編輯過程，我訪問了本校資深鄭姓教師，他長年致力於海洋教育，對於海洋生態瞭如指掌。

　　我：請問鄭老師當初怎麼會想到要編輯這套圖鑑？
　　鄭：縣政府要推動鄉土教育，所以希望我們學校提相關計
　　　　畫，規畫澎湖在地海洋的相關書籍。又因為現在越來越
　　　　多魚貝類的數量減少，希望編輯這套圖鑑，讓這些海洋
　　　　生物的資料永遠留存下來，可以提供日後參照。
　　我：當初編輯時，取材的依據為何？
　　鄭：整套書籍幾乎都是我規畫的，我四處蒐集標本，然後編
　　　　輯文字內容，最後再請其他同事幫我作修改。
　　我：在編撰的過程中，有沒有面臨哪些問題？
　　鄭：有些魚貝類我自己本身或周遭沒有標本，就要四處拜託
　　　　朋友幫忙尋找，我還拜託過漁民等。

我：那我們風櫃社區的家長有提供協助嗎？

鄭：當然有，有一些標本就是社區民眾提供的，要不然就是他們幫我協尋的。

我：這套教材除了分送給各級學校及圖書館外，還有其他單位嗎？

鄭：還有分送給學校的家長委員。

我：那您有使用這套教材在學生的學習上嗎？

鄭：這套教材當初設計只要是提供查詢，以及保存澎湖海洋生物的資訊，不是以直接教授學生為主，因為這套教材比較枯燥，是純粹的圖像結合名稱，再加上說明，學生比較不感興趣。

我：這套教材未來有何其他規畫？例如修改或是其他？

鄭：我未來有打算繼續編撰海洋教材，但是希望以學生為主作規畫，例如貝殼不再是單純的說明，而是用海洋生物去製作故事書，用海洋生物去編輯內容。我想這樣孩子一定會很快樂的學習，透過故事更了解海洋生物。

　　我任職的風櫃國小，除了上述的澎湖縣魚貝類圖件外，有另一本新編的鄉土教材，名為《海洋環境鄉土教材——風聲櫃影》，這是本校於 2008 年 6 月正式出版，全校老師通力合作完成此本教材，有內容的編寫、圖片的攝影、課後題目練習等，大家齊心合力編寫，我們將規畫在校本課程中的鄉土課使用。此教材從大範圍的澎湖概說起，再進入社區的歷史及古蹟、廟宇，最後談到社區的海岸及漁業活動等，希望透過這本教材，讓孩子更加了解自己成長的家鄉。為了更明瞭整體編輯的運作，我訪問了主編林姓主任。

我：請問林主任當初怎麼會有動機想要編輯這本屬於風櫃
　　國小自己的鄉土教材？

林：希望能藉由編輯屬於本校的鄉土教材來發展學校的本
　　位課程，讓老師更親近社區、更了解社區，對學校更有
　　認同感；也讓學童能更了解生長的地理環境、風俗民
　　情，培養出愛鄉愛校的情懷，未來能對家鄉鄰里做出一
　　番貢獻。

我：當初在編輯這本書，取材的依據為何？

林：主要以風櫃社區的地理、歷史、人文、自然景觀為主，
　　逐漸擴大至澎南區域及澎湖本島。

我：在編輯的過程中，有沒有遇到什麼困難？或是面臨哪些
　　問題？

林：本身對風櫃社區不夠了解，地區的文史資料較少，需要
　　花較多的時間來蒐集資料，文史資料對學童來說較枯燥
　　無味，需要轉換成較有趣的內容。

我：在過程中，除了自己本校的同事鼎力支援外，還有其他
　　校外人事協助嗎？例如社區耆老或學生家長？

林：學校教師幫忙較多，能夠協助蒐集、整理資料，並改寫
　　成適合學童閱讀的題材；當然，部分資料需要詢問社區
　　人士。

我：這本書完成後，對於此本教材的使用規畫？

林：配合學校本位課程讓各位任課教師實施，當然，最重要
　　是老師事先的準備工作，這樣才能讓學生有最佳的學習
　　效果。

我：您對這本教材預期成效為何？或是預期學生的學習效益為何？

林：協助新進教師能儘快了解學校及社區概況，也讓學童能熟悉身邊事物的歷史過往。

我：這套教材未來有何其他規畫？例如修改或是其他？

林：持續編修及增補未盡完成的部分，或配合教材內容來指導教師製作數位媒體，作為教師時使用。

　　鄉土語言於 2001 年成為正式課程，每週上課一節，澎湖在地的閩南話口音與臺灣本島口音些許不同，所以規畫了屬於一套自己專有的母語教材。當初他們的規畫是先架構每學期的主題，包含有節慶和介紹澎湖市鄉、職業、在地習俗或活動、食物、傳說故事、俗諺等，題材相當豐富。一般書商所編輯的母語課本大多以全臺灣為題材撰寫，澎湖縣政府召集相關人員及校長、主任、教師，一起討論編輯，就是希望讓孩子在學習母語的過程中，更加認識在地文化；也可以藉此培養學童愛鄉土的情懷，更讓學童在輕鬆的母語對話中，知道自己的生活環境、習俗背景。為了更加明瞭他們編輯成冊的狀況，特地訪談其中一位編撰委員黃主任，以下是訪談內容：

我：請問黃主任當初編輯時，取材的依據為何？

黃：當初有先架構起各學期的主題，再決定該學期的主題要有哪些內容或題目，編撰委員再依據題目去找尋教材。我們當初取材考量把語言教材結合鄉土教材，兩個同時進行。

我：在編撰的過程中，有沒有面臨哪些問題？

黃：有時候會有很難找到適合該題目的相關俚語，也有語法及用字上的問題。國語語法與臺語語法的差異是我們有時候在編寫要多考量的；另一方面，在用字上面，面臨某個音可能有幾種不同的寫法，還要討論該用哪種，在過程中用字是相當困擾的。

我：在學校有任教母語嗎？

黃：我自己本身有在教學母語。

我：那您在教學過程中，學生對於這套教材的反應如何？

黃：我們這套教材是以澎湖文化去編寫的，許多內容都是小朋友本來就知道的，或是生活周遭的，上課時他們讀到跟他們生活有密切相關的，他們都會主動發表，積極想說他們的經驗。

我：請問一下這套教材未來有何其他規畫？例如修改或是其他？

黃：我們在編輯完這套教材後，其實都有不斷地編修，因為實際教學後，才會更知道怎麼樣的教材比較適合，所以會修改難易度、用字、拼音，還會加入學習單，讓學生更多元化學習。

　　整體來說，教育政策漸漸走向本土化，在此同時，學童卻因為時代的進步，電腦遊戲的蓬勃發展，使得我們的學生對於社區的接觸及了解越來越少，自然認同度也會下降。編輯一本教材是需要眾人的力量，大家只有一個信念，就是讓我們的孩子更好。

第四節　語文科教學與地方風土人文的結合

一、學童學習的國語文教科書

　　學習地方風土人文最佳的方式就是從生活中著手,與學童每日生活接觸最多的當屬語文,風土人文結合語文課程,可以讓課程多元化,也能提高學童學習的興趣。我國現今的學童教材採市場自由機制,書商召集學者專家及第一線教師編輯教科書,編輯完成後送交教育主管機關審核,這樣可以讓學習內容更豐富活潑,大致翻閱過目前市場佔有率最高的三家書商的國語課本後,風土人文的議題在每個學習階段或是幾乎在每個學年都有相關的文章,讓孩子在學習新字、新詞及篇章結構之餘,還能學習到生活中的知識、體會生活中的點滴哲學。這類的文章有部分的內容,學童平時早已有連結,例如康軒版第八冊第七課〈媽祖繞境行〉,對於部分孩童,尤其是鄉下或是漁村孩子,媽祖就是他們的信仰,也是他們生活的一部分,甚至參與有關媽祖的慶典,如臺灣年度盛事「大甲媽出巡」等;但是對於部分都市長大或是信仰其他宗教的孩子來說,這對於他們來說就是新知。在三家版本的諸多文章中,都有區域的相關文章,例如翰林第七冊第三課〈阿里山看日出〉、第六冊第四課〈鹿港風光〉、第十冊第一課〈玉山之美〉;又如康軒第五冊第四課〈淡水小鎮〉、第七冊第二課〈野柳風光〉、第十一冊〈菊島巡禮〉;再如南一第四冊第十三課〈白河賞蓮〉、第五冊第三課〈太魯閣寄情〉、

第六冊第十一課〈菊島之旅〉。這類的文章介紹了各地區的特色風光，是指導孩子寫記敘文或是遊記的最佳範文；只是仍有美中不足之處。以我們澎湖的學童來說，到臺灣旅遊是多難得的事情，到了小學畢業沒搭過飛機的學童大有人在，更別說是去臺灣各地遊覽。這類文章可以提供他們資訊，讓他們多了解我們的臺灣，即便無法親自領略，仍可透過文字、圖片及教師解說，對該地有基礎的認識。但是換個角度看，國語課本的文章數量是固定的，加上不能僅是與風土人文相關的文章，這樣會過度偏於一隅，所以可以介紹的地區有限。以我的生長及工作地澎湖來說，僅在康軒及南一兩家版本看過，翰林就沒有相關的文章。這應該不是翰林編輯者不重視澎湖，而是礙於上述狀況所限。我自己本身是澎湖人，曾經仔細研究過南一及康軒版有關澎湖的文章內容，因為我很高興編輯者有把美麗的菊島介紹給全國的小朋友認識；透過他們的描述及圖片的呈現，讓其他縣市的孩子對澎湖有概略的認知，進而可能會希望家人長輩帶全家一起遊歷菊島，使得我們澎湖的風土民情、自然風光可以更讓大家知曉。連當教師的我都相當感興趣，想必學童一定更有興趣閱讀這類的文章。部分縣市都沒有出現在任何一家版本上，可能他們在地教師或是學童會很希望看到介紹自己家鄉的文章吧！

另外有一類是在地文化關懷，例如南一第七冊第二課〈阿美族成年禮〉、第九冊第十一課〈喜樂阿媽〉、第六冊第三課〈風獅爺〉；翰林第十二冊第五課〈三峽祖師廟〉、第十一冊第十一課〈李天祿與布袋戲〉、第九冊第五課〈阿嬤與歌仔戲〉；康軒第八冊第七課〈媽祖繞境行〉及第八課〈阿里棒棒飛魚季〉、第十二冊第八課〈朱銘的夢公園〉等。透過課文的描述，讓孩子更加了解傳統或現代文化。對於有些學童而言，如果沒有閱讀過朱銘的夢公園這篇文章，他可

能一輩子都不了解朱銘大師的創作風格或是一路上的心路歷程；如果沒有閱讀過〈三峽祖師廟〉，他可能一輩子也不知道北臺灣有一座在廟宇藝術上有著高超技術的「祖師廟」。這樣的文章學習，對於開拓孩子的視野是很有助益的。九年一貫強調的是多元學習，我們的孩子不再只是去閱讀以前我們小時候的國語課文中的名人勵志故事，而是更去貼近家鄉生活；也讓孩子在精進語文的同時，培養孩子關懷在地文化。

此外，還有一類是風俗習慣，例如康軒第一冊第八課〈過年〉、第三冊第十三課〈做湯圓〉、第八冊第九課〈五月五龍船賽〉；翰林第六冊第六課〈清明掃墓〉、第五冊十二至十四課有連續三課有關於過年的相關文章；南一第六冊第二課〈天燈飛起來了〉、第三冊第三課〈湖邊賞月〉、第一冊第八課〈過新年〉。教師在教學這類文章可以附加相關節慶教學活動，不但可以達到加倍學習效果，也可以讓學生在活潑生動的引領下學習語文。以我，以前曾經教學過〈做湯圓〉這課，就搭配著讓孩子搓湯圓，以及了解冬至的相關訊息。讓孩子也閱讀，也實際了解冬至的傳統文化。我目前任教一年級，本學期第八課就是〈過新年〉，屆時，我也會搭配該單元，安排系列的農曆年教學活動，讓孩子在課本學習之餘，可以透過其他系列活動，更了解我們傳統節慶中最重要的日子「春節」的相關習俗或典故。

其實這些語文結合生活文化的文章，對教師來說是十分好運用的教材。我們擔任教師，不是僅教學那固定的教材，而是要用自己的專業去活用教材，這樣的教學活動才符合九年一貫的學習精神。

二、教學與社區的結合

教學與社區的結合，就是鄉土教學重要的一環，透過鄉土教材的編撰，讓孩子學習後，培養鄉土情懷，了解鄉土起源，進而懂得珍惜這得來不易的今日成果。

林雅卿、潘靖瑛在他們的研究中歸納出鄉土教育在教育上的功能如下：鄉土教育能培養學生的愛鄉情懷及愛國意識、可減少世代間觀點的差異、可減少族群的對立。（林雅卿、潘靖瑛，2004：9）。現在越來越多學校結合社區在地文化，規畫系列的教學活動，讓孩子更了解自己成長地。例如臺北市老松國小就結合傳統社區進行教學，包括出版口述歷史、建立艋舺地區的歷史文化、數位影片的製作、文宣品的印製等。（湯順禎，2007：72-76）這些雖然不是用來上語文課，但是都透過文字閱讀來了解，在學習過程中，自然有達到語文學習的功效，學童可以從中吸取新知、認識新詞等。當然，最重要的是學童更深入的了解自己的家鄉，畢竟國語課本或社會課本提到的大多是全臺灣概略的知識，很少觸及深度的小地方文化。而且老松國小也成立了「臺北市鄉土教育中心」，還培訓志工，建立志工的專業，再藉由志工的人力去推展鄉土教育。

臺北市福德國小致力於推動語文教育，他們在擬定的架構中，有一項就是「充分結合社區資源強化語文教育功能」，希望在學校推動的同時，能讓家長正向參與、多元參與。（楊美伶、蘇瑛晶，2005：65）他們的教師群會掌握語文教育特性與社會脈動、社區資源結合，發展教學教材，教材包含鄉土語文教材。鄉土語文教材是教師研究社區的鄉土文物及景觀編撰而成，並配合辦理活動，傳承

學校當地文化特色。（楊美伶、蘇瑛晶，2005：68-69）福德教師群的推展，讓他們在臺北市連續六年榮獲南區多語文競賽團體組第一名的成績。在此同時，他們的學生不單只是在語文方面能力大幅度躍進，他們對於自己家鄉的人文歷史、風土民情，也一定有某程度的認知，這對於鄉土情懷的培養，有相當大的功效。

　　根據蔡清田、雲大為所建構的「鄉土教育課程決定架構圖」（如表 2-4-1），可以推得一間學校或一個地區要規畫自己的鄉土課程、編輯鄉土教材，需要考量的因素有多複雜，應該給予這些辛苦推動的學校及教師掌聲鼓勵。對於他們來說大眾的一起參與，別讓他們獨自在這個領域耕耘，就是對他們最好的鼓舞了。

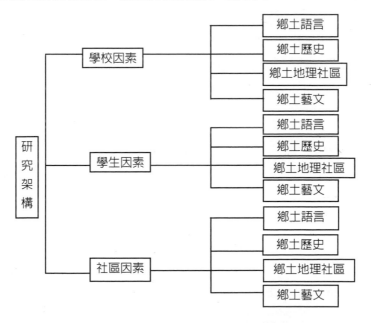

圖 2-4-1　鄉土教育課程決定架構圖

（資料來源蔡清田、雲大為，2007：101）

第三章

澎湖的自然生態

第一節　海洋生物資源

　　澎湖，作為一個海島，基本上要以海洋的發展歷史來看待其變遷及瞭解其如何和外界互動。我們都知道，海洋的生活是多方面的，有漁業、農業，還有工商業，因此產生一些風俗習慣、生態與外界的互動關係。（曹永和，2002：4）曹永和的一席話切中要點。澎湖是一個海島縣，早期物資缺乏的時候，大多以澎湖天然資源作為生活所需，土壤貧瘠就種植地瓜裹腹，蛋白質缺乏就吃海洋生物。海洋對於澎湖來說，就是澎湖的母親一般，孕育這塊土地人民及產業的茁壯。外地人對於澎湖的印象就是可以來吃海鮮，因為四面環海；不單是現在人把澎湖及海洋結合在一起，早在過去葡萄牙人的航路經過澎湖，就給予「Pescadores」之稱。在葡萄牙文中，「Pesca」之意為「魚」，「Pescado」意為「漁夫」，所以「Pescadores」就成了「漁夫群島」。（曹永和，2002：4）

　　澎湖近海海域的魚類相當豐富，據水試所前所長陳春暉的統計已經超過 1200 種。（洪國雄，2000：170）海洋資源多元且豐富造就了澎湖近幾年觀光產業的發展；先前提及風櫃國小編輯了澎湖縣

的魚貝類圖鑑就是希望把海洋資源記錄下來,加上澎湖的水族館於1998 年落成,讓澎湖的海洋資源可以更近距離的接近民眾。

近些年來,漁業資源漸漸枯竭,保育聲浪四起,澎湖也不時在流放魚苗。據近期《水試專訊》的特別報導表示,澎湖內灣五噸以上未滿五十噸的船舶從 1997 年的 549 艘至 2001 年的 474 艘,迄至目前萎縮成 393 艘,減少的主要原因應是油價不斷飆漲,作業成本提高,加上漁源枯竭。(蔡萬生等,2008:21)根據聯合國糧農組織(UN FAO)2006 年版《全球漁獲統計雙年報》,2004 年全球捕撈漁業及水產養殖業供應近 1 億 6 百萬公噸的產量,已為史上最高;令人憂心的是,野生漁業資源已不足以供應這樣的需求成長。(涂雅惠摘譯,2008:52)其實澎湖也有這樣的問題,在逐漸枯竭的天然海洋資源外,要另闢相關產業。海鮮是澎湖居民不可或缺的食材之一,其中「魚」更是許多澎湖人餐餐必備的桌上佳餚。長輩們常常都說吃飯只要有煮魚配白飯,就可以吃飽了。再加上許多到訪澎湖的遊客們,都是希望可以大啖澎湖美味的天然海鮮,所以澎湖海洋資源的孕育及延續性就十分重要。澎湖水試所培育魚苗,等待魚苗成熟,再放流到大自然,為了避免同一批魚苗近親的問題,所以同批魚苗會分在不同區域放流,希望讓海洋資源生生不息。此外,近年來,觀光遊客越來越多,對於鮮魚的需求量也越來越大,如果有一天,澎湖的海洋資源匱乏,觀光產業也就會跟著沒落,所以澎湖的漁業需要轉型,就是利用澎湖天然低污染的大海為立基,發展「箱網養殖」。澎湖在 1996 年海鱺養殖技術研發成功之後,海鱺便成為澎湖海上箱網養殖的重要經濟性魚種,也為臺灣帶來每年約七億臺幣的產值,成功將臺灣箱網養殖業推上國際舞臺。(李珊銘,2006:2)海鱺口感極佳,是宴會及聚餐中生魚片的極佳選擇,

加上大量養殖，所以價格穩定且合理，連專賣澎湖名產的商店都有在販賣處理好的海鱺生魚片，就是可以讓遊客帶走最新鮮的鮮魚回家細細品嚐。

　　澎湖的海洋就像是澎湖的母親一般，如何保護她，讓她永續下去，是我們必須正視的問題。在《國際漁業資訊》第 190 期中，有幾篇提到永續漁業的概念，澎湖是以海洋立縣，更應該重視這樣的趨勢。太平洋比目魚管理聯盟執行經理 Chris Sporer 認為「漁業者應負擔永續漁業所衍生的管理成本」（涂雅惠摘譯，2008：52-53）是相當有前瞻性的想法，畢竟永續漁業對於漁民或商家來說，是維持他們的商業利益；對於大自然來說，是恆久延續的方式之一。澎湖發展養殖漁業，在供給量上，或許可以減少對野生魚類的需求，讓大海有休養生息的機會。水產試驗所澎湖海洋生物研究中心的四位研究員所發表的《澎湖內灣海域的漁業狀況》中建議，訂定海域可容許捕獲量及作業船舶數量，讓有限的資源朝永續利用的方向發展，且大量的網具長時間敷設在海底，嚴重影響資源的再加入性，所以建請內灣海域持續禁用。（蔡萬生等，2008：22）

　　根據 2008 年《日刊水產經濟新聞》的內容談到關於地球生態及人類糧食，內容具體提出海洋所面臨的問題，永續發展及漁業資源的枯竭是說明的重點，我們應該要有一套新思維去維持海洋的正常化，當中提及讓魚類及海洋生態系所擁有的自然恢復能力。（柯欣瑋，2008：63）這也與澎湖海試所研究員所提議的復育澎湖內灣生態不謀而和。澎湖未來必須要繼續打造可持續的海洋社會生態系，包含：

　　第一，我們要讓海洋生物及其生態系有自己恢復的能力。也就是說，我們需嚴格禁止海洋生態的破壞，這是需要法律的協助下進行。

第二，我們要因應現在的海洋狀況作適當的調整。也就是說，我們讓從事漁業人員捕撈多元性，避免部分魚種過渡捕撈，或是發展相關產業，增加漁民的就業機會。（柯欣瑋，2008：65）

當然，我們整體社會的努力才是海洋永續發展最重要的推手，我們應避免食用禁補的海洋資源。例如澎湖特有種章魚口感爽脆，經濟價值極高，在售價高的市場情況下，自然是漁民朋友們捕撈的對象之一；加上他們棲息地的破壞以及每年產卵數量少的緣故，前幾年開始，澎湖章魚數量銳減，於是澎湖縣政府立法禁補。根據水產試驗所澎湖海洋生物研究中心主任蔡萬生曾發表的一篇文章中提到澎湖特有種的章魚，他表示：

> 「澎湖章魚」極可能是澎湖的特有種，直到今年 2 月才在研討會中首度被發表為新種，很可能全世界就只有在澎湖出現，因此牠具有很重要的生態意義！但目前「澎湖章魚」的處境很讓人憂心，擔心在牠尚未被分類學家的命名之前，這個物種就不見了，那這將是澎湖無法回復的傷痛。（蔡萬生，2006）

這一番話表示，如果政府當局有意恢復捕撈澎湖特有種章魚的話，那麼我們所獨有的物種就會漸漸消失。他更表示澎湖的海洋生態近二十年來變化很大，許多物種消失在我們眼前：

> 「尖仔鎖管」自從 1986 年韋恩颱風後，已來不及向澎湖人說再見，就悄悄消失匿跡了；潮間帶的鰕虎魚，也因毒魚來不及鑑定到底有多少種類？就不見了；夜光蠑螺及馬蹄鐘螺，也因肉多料好而好久不見了；此外老鼠斑的美味及膽小

如鼠，也真的藏匿無蹤了；億萬年的海龜及鱟，上岸找不到
產卵的窩，要怪誰？馬糞海膽成了「雲丹」佳餚，致使海藻
異常生長覆蓋了珊瑚礁，引起珊瑚的白化死亡，誰之過？寄
居蟹找不到空貝殼，只好找個破瓶頭來做窩，誰可憐？（蔡
萬生，2006）

　　蔡萬生的一番話的確值得我們省思：自己身為澎湖人，在接收
了祖先留給我們的大海後，我們也應當好好保育大海，再把大海留
給後世子孫，讓後代可以永續使用澎湖海洋。

　　保育概念的深耕是要政府與民眾一起努力的，政府訂定完善的
法規後，進行教育宣導；民眾獲得相關資訊，致力保育。澎湖位在
潮流的交會處，四面環海，加上部分地區未遭嚴重破壞，保育類動
物就將澎湖當作棲息地，其中最有名的當是「綠蠵龜」。烏龜在華
人心目中佔有崇高地位，我們把烏龜當作長壽的象徵，傳說媽祖出
巡也是以海龜為坐騎；在澎湖的元宵節，大小廟宇都可見到以烏龜
為形的各式祭品提供民眾乞求回家保平安。烏龜在傳統觀念中的重
要性可見一般。隨著保育觀念的盛行，我們也加強保育類「綠蠵龜」
的育保工作。澎湖縣政府於 1995 年 1 月 17 日公告望安島為保護
區，規定每年自 5 月 1 日至 10 月 31 日實施夜間管制（洪國雄，2001：
162），就是要保護這些貴客。綠蠵龜在三、四十年前，產卵地遍及
臺灣東岸、南岸及離島地區，隨著環境的破壞，使得數量越來越少，
現在只剩澎湖的望安島及臺東的蘭嶼為主要產卵地。（林長興等，
2000：42-43）綠蠵龜來到澎湖望安產卵，對於澎湖來說是上天賜
予的禮物，我們應該好好愛惜牠們；不但讓牠們有生存的權力，也
為國際的保育工作盡一份心力。綠蠵龜小時候或是還未孵化前的天

敵不單只是大自然的蛇、魚、鳥類，還包含我們人類；人類對於棲息地的破壞比起自然來說，更加劇烈及迅速。我們的海岸破壞嚴重，例如多年來海上漁船所斷棄的三層網具纏覆珊瑚礁，海龜也會被此纏繞窒息。所幸澎湖縣政府近年來開始處理海底網具，期望恢復海洋生機。還有大家隨意丟棄垃圾，造成海岸邊堆滿廢棄物，影響海洋生物棲息。這樣的狀況不是單靠政府可以解決的，而是民眾要有自覺，養成良好習慣才有助於海洋的重生。還有一個相當值得討論的現象，就是漁港。有了漁港就會有防波堤及消波塊，為了防範海洋的侵害，許多海岸築起長長的海堤。海堤非天然物，自然會破壞生態，而消波塊或許真的可以削減海浪對人類居住地的破壞，但是沿岸海洋生物的棲息地也在人類為了保護自己而被破壞了。洪國雄曾提到：

> 不當的海堤不但浪費公帑，破壞海洋生態，阻絕了淡水入海使沿海鹽度升高影響魚貝卵孵化，也使自然濱線消失，損及視覺品質和民眾親水權益，甚至引起下游的另一波海岸侵蝕。（洪國雄，2001：36）

由此可知，如果海岸都築起長長的水泥堤防，那麼我們的綠蠵龜該去哪裡產卵？牠們的生存權益又該跟誰爭取？站在保育及生態的立場，我們應該朝向生態工法進行海岸工作，減少二氧化碳排放量，讓地球永續發展，才能達到雙贏。

圖 3-1-1　虎井島海岸邊盡是消波塊（作者攝）

圖 3-1-2　虎井島長長的堤防（作者攝）

　　2008 年《日刊水產經濟新聞》提到增加就業機會、發展漁業相關產業，也是維持海洋生態的方式之一。澎湖如今海洋漁業逐漸轉型，發展周邊產業，例如箱網養殖、休閒漁業等。在休閒漁業方面，這是近幾年來澎湖極力推動的觀光產業，養殖業者提供釣魚、烤肉等消費行為，讓民眾體驗釣魚或撈魚的樂趣後，可以品嚐現撈的漁鮮。這些海水養殖的漁鮮如牡蠣、海鱺等，都成為消費者的桌上美食，因為強調是澎湖大海養殖，加上新鮮味美，所以已經成為觀光客來澎湖遊玩必備的行程之一。在創造新商機的同時，所衍生的問題也是我們必須解決的：這些活動業者大多把地點設置在海上，就是所謂的「海上平臺」，這些海上平臺上所排放的廢水或是其他垃圾的處理都必須要有明確的法規來規範，否則隨意排入大海就會造成污染。因此澎湖縣政府邀請產官學界的代表討論海上平臺的相關問題，包括安全、海域污染、生態保育等，完成「澎湖縣海上平臺管理自治條例草案」，經議會同意再轉交通部核定，近期就會正式公告。（澎湖縣政府，2008）此法案的通過，可以避免海洋的污染。我們要讓漁業轉型，促進產業發展的同時，也要讓我們的產業可以永續經營。除了上述這些法規之外，我們對於養殖魚群本身也要符合永續生產的概念。一般而言，生產 1 公斤的魚需要 1 至 3 公斤的飼料（乾重），其中約有 75%的氮、磷最後都會以廢棄物的形式存在水中，影響養殖用水水質，排出後更會污染周遭的水域環境。（李佳芳、葉信利，2008：23）所以為了水產養殖永續經營，他們提出了相關作法給養殖業者參考。此外，澎湖冬天東北季風盛行，每當大陸冷氣團南下，海上風浪都是大浪或是巨浪的等級，使得觀光產業配合寒冷的冬天，越來越冷清。多元化玩法一直是這幾年來澎湖縣政府大力推廣的，也都絞盡腦汁在秋冬之際辦理

活動，無非就是希望吸引遊客。休閒海上平臺基本上不受天氣影響，像在《漁友第 362 期》就報導澎湖冬季到海上平臺遊玩，不但好吃又好玩。（陳志東，2008：42）澎湖冬天的漁獲量也是相當不錯，大家都耳熟能詳的土魠魚羹所用的土魠魚，就是澎湖冬天最重要的經濟漁獲。每到土魠魚肥美數量多，天剛亮的魚貨市場就有很多民眾詢問土魠魚價格；如果是外縣市人到澎湖工作者，過年返臺與家人團聚，大多也都會買條土魠魚回家犒賞一家人一年來的辛勞。

澎湖的海洋對於澎湖人來說有著說不出的情感，尤其多數家庭都仰賴海洋為生，因此對於海洋不得不重視。對於從事農漁業者來說，他們都是靠天吃飯，所以天候變化與他們的生計息息相關。在 2008 年的年初，對澎湖人來說，是寒冷的冬天，連續長時間的低溫，不但是人們耐不住寒冷，就連魚群都無法承受。當時海岸邊遍布各類魚屍，經過一段時間後，更是布滿魚鱗，看起來好像下雪一般。我朋友的爸爸也是從事漁業活動，他表示，以往冬季或多或少會有魚類因受凍而死亡，但是這次是特別的嚴重，更有一說是「澎湖三十年來最嚴重的寒害」。根據澎湖縣潛水協會理事長鄭正綱表示，往年冬季水溫至少可以維持在 12 到 15℃，今年卻長期維持在 10 度以下，甚至下探 7、8 度。（夏萬浪，2008：19）可見 2008 年初寒害時海水溫度有多低。

在寒害期間，許多民眾都前往海邊撿拾還活著的魚隻或是剛死亡不久，還算新鮮的魚隻，但是食用性不高、口感不好或是已經死亡許久的魚群，繼續留在海邊，後來天氣漸漸放晴，經過陽光曬過，所產生的不單是魚群死亡的生態問題，又產生了環境污染的問題。屍體發臭情況嚴重，深怕後續的衛生問題，縣政府動員人力搶救海灘，清洗這些海洋屍體。根據 2008 年 3 月 31 日中央社《澎湖報導》

指出高達 1,660 噸的養殖魚類死亡,清理海岸魚屍達 137 噸。而截至 2008 年 2 月 25 日 16 時止,據澎湖縣政府通報資料,澎湖是全國漁業中損失最為嚴重,損失金額高達 1 億 8 千 1 百 16 萬 1 千元,已經達到現金救助及低利貸款的程度了。(夏萬浪,2008:20)可以想見當時的漁業損失對於漁民及養殖業者來說,影響有多劇烈。還有,為了更了解當時海底受損的情況,澎湖潛水會也下水拍攝調查,發現大量魚類及蝦蟹貝類的屍體沉在海底,數量比岸上的還要多,海底猶如一座死城一般。(郭志榮,2008:50)此外,澎湖水試所全面調查下,澎湖各島嶼全部受害,累計死亡魚類高達五十八科 183 種,接近澎湖六分之一的魚種都受害。(同上:51-52)我曾於 2008 年 11 月 9 日聆聽澎湖水試所蔡主任的課程,他表示在寒害過後,出現一些以往沒有在澎湖出現過的魚類,需要進一步確認新魚種,這或許也是再令人苦惱無奈之際一種意外的收穫吧!

生態系是一種食物鏈的關係,澎湖 2008 年初的寒害使得大量海洋生物死亡,但是這些敵不過寒冷低溫的物種死亡,他們的食物就會因為食用物種的減少而增加。以澎湖海菜及紫菜為例,澎湖紫菜天冷產量就會增加,對於採集紫菜的人來說,冷冬讓他們大賺一筆,海菜則是因為魚類大量死亡,所以產量也增加;雖然海菜經濟價值不及紫菜,但是對於居民來說,也是一筆可觀的收入。此外,澎湖的縣魚玳瑁石斑以往數量不多,經濟價值高,但是聽長輩們說市場今年數量增加,不時可以買到玳瑁石斑,值得相關單位加以研究。

行政院未來可能在中央有部會層級的海洋委員會,可以看出臺灣重視海洋的重要性,海洋資源是我國經濟發展的重要環節。(王新偉,2008:40)海洋部會的設置不單只是為了重視海洋生物或經濟,而是應該全面性的發展海洋文化,從文化的層面去拓展經濟、

生態。當然文化必然結合教育，藉由教育社會大眾及下一代，讓他們懂得永續經營海洋的概念，如此我們的海洋才能真正的永續發展。

第二節　陸上植物資源

　　有人稱澎湖為「菊島」，顧名思義就跟菊有關。澎湖開滿天人菊，天人菊也成為代表澎湖的縣花。每到陽光普照的夏季，便是天人菊大放異彩的時候，整片的天人菊海，讓人心曠神怡。這是澎湖夏日的寫照，植物盛開，大地氣象萬千，生氣蓬勃。到了冬天，則是澎湖植物開始休息的時候。

　　洪國雄老師曾撰寫出版過一本名為《鹹水煙下的澎湖植物》，為何澎湖植物前要加「鹹水煙」？澎湖四面環海，海風強勁，如果風速超過 18m/s，相當於輕度颱風的八級風，將會掀起海水，排空噴沫，是為鹽風；如果當天是雨天，便成鹹雨，所到之處，草木全腐，進成焦土。（洪國雄，1997：15）每當颱風結束後，多樹葉都會焦黃枯萎，就是受到鹹風鹹雨的影響。我們可以從白沙鄉岐頭村的風中鹽量多寡表（表 3-2-1）得知澎湖的風帶有的鹽分有多高。

表 3-2-1　澎湖縣白沙鄉岐頭村月平均鹽量多寡表

時間	79.11	80.1	80.2	80.3	80.4	80.5	80.9	80.10
月平均鹽量（us/cm）	221.5	1838.2	780.8	1055.1	883.821.9	21.9	274.3	398.5

（資料來源：洪國雄，1997：15）

　　澎湖終年日曬量大，以致蒸發量高，加上土壤本身貧瘠，又有鹹風、鹹雨，這些因子使得植物生長有所限制。目前已知澎湖群島的維管束植物約 400 餘種（林長興、蕭志榮，1998：22），這樣的數量與臺灣本島各縣市的植物種類比較之下，實在相當稀少。

　　剛才提到冬天的東北季風，風速大且帶有鹹水，不但刮走表土，更影響植物的生長，澎湖部分路樹都朝南生長，就是受到冬季季風的影響；季風的鹽分又會使得樹木枯黃，以致澎湖造林相當辛苦。

　　澎湖一年的降雨量偏低，而且集中在夏天的颱風季節，再加上終年日照時數高，土壤涵水量偏低，許多植物必須要在這種種不良條件下生長，自然種類就有所侷限。

　　以澎湖的縣樹「榕樹」為例，榕樹生長性強，可作為防風林、行道樹，更是學校的景觀植物，尤其以「通樑大榕樹」最遠近馳名。至今已超過三百年的歷史將通樑保安宮前的廟埕給覆蓋住，成為當地民眾閒談乘涼之處；於 1981 年，更在樹根頭立碑祭拜（林長興等，2000：72），而通樑也成為了遊客必定到訪的古蹟景點之一。

圖 3-2-1　通樑大榕樹（作者攝）

圖 3-2-2　樹根頭祭拜壇（作者攝）

　　澎湖少雨乾旱，使得需要大量雨水或是溫濕氣候的植物就不適合在澎湖栽植。澎湖也為了順應天事，在這樣的環境下尋找自己適合發展的植物種類。現在以下三種植物為例：

一、仙人掌

　　常綠肉質性灌木。花淡黃色。漿果成熟時為紫紅色。仙人掌澎湖當地人稱為「澎湖紅蘋果」，鮮紅而多汁。採實時須注意其刺人的種子，傳聞倘若被其種子刺傷，需等到打雷方能拔出，遂有「雷公刺」之稱。（林長興、蕭志榮，1998：52）

　　近年來，澎湖的業者利用這天然四處可見的仙人掌製作成仙人掌冰、果凍或是糕餅。其中仙人掌冰是最著名的，每當遊客造訪澎湖，都會細細品嚐。例如在澎湖通樑有一間仙人掌冰店，打著許多

知名藝人品嚐推薦，希望眾多觀光客，也讓通樑不但只有百年大榕樹可以欣賞，更有美味可口的冰可以清涼消暑。

圖 3-2-3　仙人掌（作者攝）

圖 3-2-4　仙人掌花（作者攝）

　　早期名不經傳的仙人掌，在澎湖的鄉野間隨處可見；近幾年來，隨著仙人掌冰帶起的風潮，野生的仙人掌果也都成了我們口腹中的美食。我去拍攝此照的區域，仙人掌遍布各處，但是鏡頭想捕捉仙人掌果是蠻困難的，不是在仙人掌叢的內部，就是果肉小而乾枯；也或許就是這兩項因素，才使得它們保存下來。即便大量採收使得大自然仙人掌果難找，我們也該感謝這些採收仙人掌的民眾們，他們相當的辛苦，畢竟這也是他們為了生活而想到的謀生方式。

二、蘆薈

　　多年生常綠植物，生長於田野或路旁。葉根生，厚肉質，劍狀，叢生，蒼白綠色，葉上有白斑，葉緣有疏刺狀齒。蘆薈的葉子會滲出透明的汁液或凝結成半透明的固塊，含有「蘆薈精」，經研究指出，可治療高血壓、糖尿病、肝炎，也可用來治擦傷或燙傷，是民間常用的藥草之一，其汁液也有美容功能。（林長興、蕭志榮，1998：55）這幾年來蘆薈已經從野生轉變為人工栽種，就是看在蘆薈的新商機。現在許多保養品業者有販售蘆薈的相關保養產品，其中澎湖縣農會更是大力推動蘆薈保養品，舉凡敷臉、清潔、保溼等，就是希望透過天然的蘆薈增加無限的商機，澎湖縣農會所出品的蘆薈產品不單是在農會販售，據點擴及名產店、專櫃門市，甚至網路販賣，在多銷售管道下，就是希望可以有更佳的銷售額。買賣是一種連鎖性行為，當農會的蘆薈產品銷售良好，它的原料需求自然提高，對於農民有著莫大的助益。先前，曾看過國寶級廚師上電視節目推廣料理，就是以蘆薈入菜；還強調澎湖的蘆薈非常好，用來做菜是最

佳的選擇。現在是強調美的時代，不單是皮膚的保養問題，對於身材更是注重，而蘆薈的低熱量，更是愛美人士趨之若鶩的聖品。

三、香茹草

生長在本省南部及澎湖群島。為澎湖民間著名的青草。有如鬼針草（咸豐草）的瘦果，可附著人畜散布。（陳明義等，1991：112）在澎湖鄉下田野雜草中，常常可以見到香茹草。我記得小時候的周末休閒活動，就是全家人一起到墳墓四周的雜草中尋找風茹草，拿著小鋤頭，把風茹帶回家。風茹茶所以好喝，就是它含有一股淡淡的清香，夏天喝能消暑、解渴。從鄉野間帶回的香茹草還必須經過一道重要的手續才能清洗煮水，那就是得先「曬乾」。曬乾這步驟少不得，一方面可以讓風茹草保存更久，乾燥後的風茹草可以放置家中慢慢使用；另一方面似乎可以增加香氣，使它的香味更為提升。現在香茹草已經不再只是澎湖傳統的飲品了，腦筋動得快的名產業者已經把它製成茶包，讓無暇親自體驗鄉野採草樂趣的民眾可以直接沖水飲用；也有直接賣乾燥的風茹草給民眾自己回家烹煮成茶飲。為了讓風茹草的來源更充裕、更符合經濟效益，現在已經有農民朋友在種植風茹，讓我們的家鄉味更傳播出去。

上述三樣植物在今日澎湖的重要性，已經不是以往的不起眼。它們所帶來的新產品對於澎湖的觀光業注入新活水。雖然它們可以帶給我們商機，帶我們利益，但是我們也應該懂得管控，如果需要這麼多的原料，那我們應該大料栽植，既可綠化又可以有商業利益。如果只是一味的從大自然獲取（如野生仙人掌果），野生的產

量就是固定的量，所產生的影響不是取用殆盡，就是無法量產，與大自然取得平衡是我們必須衡量的課題。

　　澎湖的冬天季風強勁，一直是政府單位尋思的課題。政府在海岸邊或是強風處廣植樹木，希望樹積成林，達到防風、防砂的效果，只是所面對的問題不單只是風勢強勁，更讓相關單位頭痛的是「風中鹽分過高」、「土壤貧瘠」、「水源不足」等。政府單位一直尋求適合澎湖植栽的物種，其中「木麻黃」就是最主要的樹種，因為抗風及耐旱強，且生長快速，數年就可以成林而具防風的效果，但是缺點就是其樹林短及抗鹽性差。這樣一來，就會使得防風效果變差。所以相關單位改採「生態造林」的方式，建造複層防風林。（澎湖縣政府，1997：142）至於最適合澎湖天氣的樹種或許可以經由改良，逐步培育出來。

　　澎湖還有一項極為棘手的植物生態問題：許多強勢物種因為適應澎湖的天氣，加上繁殖性強，使得生長區不斷蔓延。或許基於綠化角度是好事，可是單一物種偏高，對於其他樹種的生態就會受到影響。以「銀合歡」為例，目前澎湖許多的鄉野荒地都是銀合歡林。銀合歡是少數能適應澎湖惡劣環境的植物之一，且具有保土、定砂及供給薪材等功能，從日據時代廣泛種植。（澎湖縣政府，1997：144）倘若是著重保土、定砂及適應性來說，銀合歡是極佳的選擇，對於造林有很大的助益。但是當東北風盛行時，它會落盡枝葉，無法達到防風的效果。再加上強大的繁殖能力，使得其他樹種的區域遭到侵略，影響多樹種的造林。而且澎湖許多可以蔽風及土壤含水量充足的地域，大多為南面坡，目前也多遭銀合歡叢入侵（蕭志榮，2006：3），就會使得原本不太適應澎湖環境的植物種植地受到影響，讓澎湖的植物物種缺乏多元性。所以近年來，政府當局有設法

處理銀合歡的問題，就是希望它們蔓延範圍不要再繼續擴大，讓澎湖的植物種類可以多元化。

澎湖前縣長曾有一項政策「青青草原」，就是鼓勵民眾把自己沒有使用的土地暫時借給政府種植草皮。如此一來，政府可以管理這些荒煙蔓草的空地，以人力的方式清理雜草，甚至垃圾。近一步種植草皮，達到美化綠化的效果。因為雜草、雜物的清除，可以避免病媒蚊孳生，對於環境衛生貢獻良多。縣政府為了讓青青草原更具景觀價值，還在草原上設置藝術品，成為裝置藝術；部分具有獨特色彩的青青草原更是縣民、遊客合影留念的好去處，也是攝影家鎂光燈聚焦的所在。賴峰偉前縣長就曾經提到環境工程改造的重要，所以善用閒置公有地，更鼓勵民眾提供私有地，並且給予地價稅減免。（賴峰偉，2003：2）這樣的政策一推出，許多民眾捐出自己的閒置地，不但可以減稅，也可以美化環境，對於環境及民眾都是贏家。綠化澎湖一直是澎湖縣政府的施政要項，造林數十年來與環境互相競賽；為了有更佳的效果及成績，縣政府不單只是著重在防風林的種植，還包括水資源的涵養，挖掘人工湖儲存水源，作為行道樹灌溉之用，也可以減少風沙對環境的影響。而澎湖傳統的硓𥑮石所堆砌的石牆，風勢過強可以用來擋風，倘若是微風則有通風的效果，也是值得推動的防風方式。政府也在路樹旁放置綠紗網，以紗網來保護植物本身減少東北季風的影響，讓澎湖的環境更美好。

圖 3-2-5　澎湖青青草原（作者攝）

第三節　季節鳥類資源

　　北迴歸線通過澎湖海域，澎湖的氣候正好位在亞熱帶氣候至熱帶氣候間，而且位在東亞花綵列島的西側及中國大陸沿岸的東側，因此成為春、秋兩季遷移性候鳥南來北往的必經路線之一。（鄭謙遜，1999：14）澎湖離島眾多，其中大部分是無人居住的島嶼，對於鳥類的干擾低，且水庫、水池附近的環境規畫良好，使得鳥類得以有棲息、休息的處所。澎湖的優勢樹種「銀合歡」叢是候鳥的良好棲息處（鄭謙遜，1999：14）。銀合歡叢從提供牠們繁殖、覓食、棲息和避冬的空間。

　　澎湖地處黑潮支流、南海季風流及中國沿岸流交會處，在澎湖海域擁有豐富的海洋資源。冬候鳥和過境鳥中有不少鷸、鴴、鶉和鷺科的鳥類出現紀錄；夏候鳥方面以白眉燕鷗和玄燕鷗較多，其次為紅燕鷗、小燕鷗和蒼燕鷗，鳳頭燕鷗也有穩定的數量。（李來圓等，2005：6）澎湖雖然土地不大，但是因為前術因素下，成為許多鳥類棲息、孵育或休息的中繼站，截至 2003 年 6 月止，被記錄出現過的鳥類有 317 種。（李光中、李培芬，2004：140）

　　在鄭謙遜編撰的《澎湖海島的鳥類資源》一書中提及，澎湖的鳥類歸結有幾項特點：

一、留鳥的比例非常低，僅 2%；過境鳥類的比例則高達 69%，遠較臺灣為高。夏候鳥種的比例也達 7%；冬候鳥種的比例則較臺灣少。陸鳥種類與水鳥的比例則和臺灣相當（詳見表 3-3-1 及表 3-3-2）

表 3-3-1　　澎湖海島與臺灣地區鳥種屬性比較表

	澎湖海島鳥種	臺灣鳥種
留鳥	2%	39%
夏候鳥	7%	1%
冬候鳥	12%	23%
過境鳥	69%	17%
迷鳥	10%	20%
合計	100%	100%

（資料來源：鄭謙遜，1999：20）

表 3-3-2　澎湖海島與臺灣地區鳥種屬性比較表

	澎湖海島鳥種	臺灣鳥種
陸鳥	52%	53%
水鳥	48%	47%
合計	100%	100%

（資料來源：鄭謙遜，1999：20）

二、岸鳥、海鳥比例偏高，出現頻率也較高，尤其燕鷗數量更是高
　　達總數 95%以上，符合島嶼地理的特性。（鄭謙遜，1999：19）

　　澎湖雖然位在候鳥遷徙的路線之中，但是仍有些天然環境因素
限制部分鳥類的棲息。澎湖的降雨集中在夏季的颱風侵襲期，平常
降雨機率低，倘若是有雨水，僅是細雨，全年蒸發量大於降水量，
加上天然環境無河道，所以沒有常流河，更沒有什麼大然湖泊，只
有政府興建零星幾座小水庫，因此影響了部分習性棲息於湖泊、溪
流邊的鳥類。

　　澎湖的海洋資源豐富，海中生物提供了鳥類極佳的食物。澎湖
是海島地形，對於鳥類生態來說，呈現就更多元化。澎湖的鳥類正
因為這樣的條件，造就了澎湖成為「燕鷗天堂」。（鄭謙遜，1999：
19）其中澎湖的離島貓嶼是目前全臺燕鷗繁殖的大本營。貓嶼由大
貓嶼及小貓嶼兩無人小島所組成，大貓嶼是澎湖的最高點，因為此
地距離澎湖本島較遠，加上無人居住，所以自然生態相當良好，自
然吸引許多鳥類前來棲息。但是隨著貓嶼的名氣漸漸傳播出去，造
訪遊客也隨之增加，加上民眾會在紫菜季節來此採集紫菜，又有國
軍的試射，使得貓嶼生態受到影響。因此，政府於 1991 年 5 月 24
日成立「澎湖縣貓嶼海鳥保護區」，就是希望保存這片海鳥天堂。（李

光中、李培芬，2004：140）澎湖的貓嶼吸引眾多鳥類棲息，以燕鷗亞科為主，白眉燕鷗及玄燕鷗最多，約佔總數的 95%。

> 有五種鳥類在此區有繁殖紀錄，分別是白眉燕鷗、玄燕鷗、紅燕鷗、蒼燕鷗及岩鷺。燕鷗棲息環境要求較海鷗嚴格，多棲息在人煙少的地方，每年三月到九月是鳥類繁殖季節，繁殖高峰期全島「鳥口」超過萬隻，鳥類種類及數量都是全澎湖之冠，可見貓嶼在海鳥保育所扮演的重要角色，也使本區成為第一個被設立的野生動物保護區。（李光中、李培芬，2004：141）

澎湖作為一個強調自然生態的島嶼，我們應該最要跟動物們和平相處的，如果牠們有一個適合牠們生存的環境，那樣的環境也一定是非常適合人居住。澎湖的燕鷗保護區在臺灣保育的角色有舉足輕重的地位；澎湖縣政府期望我們的自然環境玄武岩保護區可以進入世界遺產，倘若是有意積極推動，就應該更重視周邊的環境，讓我們澎湖以保育聞名國際。

澎湖有兩種鳥類值得特別說明：

一、澎湖小雲雀

澎湖的小雲雀為澎湖特有亞種，羽毛較臺灣小雲雀略顯黃褐，嘴則較短而厚。澎湖地區無論本島或無人島均可發現，十分普遍。通常出現空曠的草地、農墾地。築巢於草叢中，以纖細枯草為巢材。春、夏季為繁殖盛期，常見雄鳥直線上飛，於空中定點振翅鳴唱，

聲音嘹亮婉轉，因而有「半天鳥」的俗稱。（林長興等，2000：12-13）
因此「澎湖小雲雀」也成為澎湖的縣鳥。

二、麻雀

　　為澎湖特有亞種，頭為暗栗色，背部大致為暗紅褐色，臉污白
色，夾有黑痣，喉部中央黑色，胸以下污白色。（林長興等，2000：
38-39）麻雀是居家最常見的鳥類，常常成群出現在生活周遭。麻
雀對於澎湖居民來說不陌生，往往家門或窗戶外、圍牆上、甚是路
上都可以見到麻雀的蹤跡，可以說是澎湖人生活中的好鄰居。

　　鳥類對於我們而言，有時候不單只是動物而已，在許菊美等人
編撰的《關山萬里行──澎湖的候鳥觀賞》提到我們應該「讓鳥類
來作我們的鄰居」。我們要以生態來運作我們的環境，就應該把鳥
類當作我們生活中的朋友，我們應讓牠們有適合居住的環境。文中
提及澎湖貓嶼上的玄燕鷗蛋被撿走，這樣的行徑對於致力推動保育
的現在是一大扼殺，如果今天我們善待牠們，例如麻雀如果出現在
我們的身邊，我們是去保護牠，而非攻擊，牠們會愈來愈親近人類，
真正成為人類的好朋友。（許菊美等，1993：63）

　　這些看似不起眼的好朋友，我們也不能小看牠們，對於我們的
環境，牠們也是貢獻良多。鳥類在我們生態環境扮演著重要的角色。

一、有助於植物傳宗接代：透過鳥類，可以讓植物授粉，也可讓植
　　物的果實經由鳥類叼走或排泄達到繁衍的效果。

二、對於蟲害有助益及生物關聯性：鳥類食用蟲子，這樣可以抑制
　　某種蟲類的過度繁殖，也可以降低蟲對農作物的損害；更有研
　　究顯示，地球上每消失一種鳥類，就有 90 種昆蟲、35 種植物、

　　2 至 3 種魚類跟著消失，鳥類在生物食物鏈中扮演關鍵性的角色。

三、鳥類帶我們人類的訊息：鳥類是生活的指標之一，如果一地環境污染過於嚴重，或是殺蟲劑過量等，鳥類就會出現棲息的問題，那麼對於人類來說，那也不是良好的生活環境；想想牠們，再想想自己，我們應該給牠們一個無破壞的良好棲息地。（李光中、李培芬，2004：143；李來圓等，2005：64-65）

　　澎湖現階段最大的商業利基來自於觀光產業，觀光產業來自於我們的環境，環境包含自然及人文。我們都被教育要「愛護地球」，愛地球不是為了我們自己，也不是為了那些保育類動物或植物，而是為了讓地球恆久的運作下去，為我們在地球上每個生命。地球最大的殺手是我們人類，生態的最大殺手也是我們人類，在透過人工保護、育養的方式外，我們是不是可以有其他辦法來保育我們的「好鄰居」？應該是有吧！

第四章

澎湖的景觀與名勝

第一節　玄武岩地形

一、玄武岩簡介

　　澎湖群島的天然資產除了一望無際的海洋外，另一項陸上重要資產就是「玄武岩」。澎湖群島的玄武岩自然景觀是世界上獨特而稀有的天然奇景，澎湖群島的岩質除了花嶼，其餘均由數層玄武岩所組成。（林孟龍、陳永森，2004：179）由此可知，澎湖玄武岩地形景觀豐富且完整，是極富潛力的地球資產。聯合國教科文組織（UNESCO）於 1999 年提出「世界地質公園計畫」。（劉淑玲，2006：21）澎湖群島在中央部會及地方政府齊心合作下，向聯合國教科文組織申請「澎湖縣玄武岩地質公園」，希望將澎湖的天然景觀推向世界，讓全世界都認識澎湖。

　　澎湖的玄武岩景觀是經由數次不連續的噴發所形成的，因此造就型態不同的玄武岩景觀。根據地質學者的研判，玄武岩熔岩經過地底裂隙湧出地表冷卻而成的，目前最古老的在望安島的天臺山，約一千八百萬年前，最後一次約八百萬年前在東嶼坪流出。（劉淑

玲，2006：9）在這樣的情況下，我們可以看到許多地方的地質都有二至三層的玄武岩熔岩，例如小門島、鳥嶼等。

　　澎湖的主體是以玄武岩為主，政府以這一天然資產向國際推銷菊島之美；又為了環境保護及提升臺灣的能見度，所以力主讓澎湖成立地質公園。澎湖將縣內的玄武岩地區規畫成六處地質公園：

（一）馬公市桶盤嶼地質公園：是由兩層矽質玄武岩夾沉積岩構成的，覆蓋於方山頂面的矽質玄武岩形成於距今11至10百萬年前，下部的玄武岩推測形成於距今15至14百萬年前，兩層矽質玄武岩中間所夾的是淺水沉積的沉積岩。

（二）湖西鄉北寮奎壁山、赤嶼地質公園：形成於距今11至10百萬年前，是澎湖地區的鹼性玄武岩體，呈鏈珠般分布矽質玄武岩構成的群島主體周圍的典型實例，可以顯示島嶼主體因持續火山活動而地殼厚度逐漸增加，以致後期岩漿噴發多集中於地殼較薄的島嶼主體周圍、岩漿體規模較小且特性趨近鹼性玄武岩質。

（三）白沙鄉吉貝嶼地質公園：下部為覆蓋紅土的矽質玄武岩，上部則是距今約15至14百萬年前形成的玄武岩。

（四）西嶼鄉小門嶼地質公園：主要由兩層矽質玄武岩構成，下層年代約為距今15至14百萬年前以上，上層為距今約11至10百萬年前。兩層玄武岩中夾的是淺水相的泥質與凝灰岩質沉積岩，其中泥岩中含有化石和生痕化石。

（五）望安地質公園：望安嶼有澎湖群島最早期火山活動形成的玄武岩，包括在天臺山和東安村可見的含有矽質玄武岩，形成年代約距今 15 至 17 百萬年。

（六）七美地質公園：七美嶼的鹼性玄武岩大約生成於距今 10 百萬年前，是國際地質學者非常稱讚的玄武岩。（劉淑玲，2009：10）

　　從規畫的區域來看，澎湖的六個鄉鎮市都有一處玄武岩地質公園。當然，澎湖的玄武岩不僅上述這六處而已，只是將有代表性的規畫出來，成為地質公園。

　　澎湖有多處玄武岩所形成的景觀已然成為著名的觀光景點，例如七美鄉的石獅，石獅佇立在海岸邊，看起來十分雄偉壯觀；西嶼鄉的大果葉玄武岩，一整片的玄武岩沿著馬公綿延上百公尺，玄武岩地形十分完整，是遊客及地質學家必定探訪的景點。西嶼鄉的小門嶼內的鯨魚洞，不但是遊客必定造訪之處，也是澎湖學童戶外教學不會錯過的景點。鯨魚洞是玄武岩經過海浪侵蝕所形成的海蝕洞，傳說洞口是一隻鯨魚的頭撞出來的，所以稱為「鯨魚洞」，天然的景觀加上富有神祕的傳說，讓鯨魚洞成為玄武岩地形中最熱門的景點之一。

　　在澎湖規畫六處地質公園的同時，也積極將澎湖本島周邊小島嶼進行規畫。澎湖的島嶼除了花嶼的地質不同外，其餘的幾乎大同小異，所以澎湖縣政府函送中央希望將周邊群島規畫成自然保留區。經過一連串的研討後，將離島中的東吉嶼、西吉嶼、頭巾嶼、鐵砧嶼規畫成為縣定「澎湖南海玄武岩自然保留區」，希望透過保留區的成立，避免澎湖的天然資產「島嶼、

海洋」繼續的遭到破壞，讓資產永續經營。即便如此，還是有賴教育的功能，讓民眾了解愛惜環境的重要性，否則再多的行政措施都是於事無補。

二、玄武岩文化

玄武岩是澎湖的地質主體，而且分布十分普遍，自然取材容易。以前的人在蓋建築物或是一些物品上都會取用玄武岩來製作，一方面是取材便易，二方面是沒有成本上的考量。

（一）石滬漁業是一種用玄武岩堆砌而成的堤岸，可以用來捕抓魚蝦蟹類。石滬所以用玄武岩，主要因素推測應該是就近取材。玄武岩在澎湖海岸邊四處可見，石滬又都位在海岸，所以為了省力省時，就近取材是最方便的；加上玄武岩質地堅硬，較不易碎，堆疊起來比較不易傾倒。

（二）營頭：各村落幾乎都有五營安置在東、南、西、北、中央五處，與村子內的廟宇一起守護村落。以小門嶼為例，五個營頭其材質早期多以當地玄武岩為主。（蔡麗秋、林長興，2008：43）

（三）菜宅：澎湖的地勢平坦，無法抵禦冬季的強烈東北季風，但是為了農作物可以不受季風的影響，所以先民就將方便取材的硓𥑮石或是玄武岩一塊塊的堆砌成矮牆，矮牆內的旱田就可以種植蔬菜，這樣一來冬季也不用擔心季風造成植物的死亡。在澎湖的鄉間菜宅十分普遍，其中最有名的當屬小門嶼，站在小門嶼的高處往下看，整片的菜宅相當壯觀，遠遠看過去，好像蜂巢一般，所以又稱為「蜂巢田」。

（四）房舍及用品：以前先民的舊房舍如三合院，也都會取材自大
　　　自然的玄武岩或是硓𥑮石，屋舍內使用的臼、石磨也都會使
　　　用玄武岩來製作。

（五）石塔：澎湖風大，許多村落都有堆石塔來鎮風，最有名的當
　　　屬塔公、塔婆，還有鎖港的南北塔。

（六）石敢當：澎湖的石敢當數量密度可說是全臺之冠，且石敢當
　　　的形式多元化，有傳統的碑狀，還有缽狀、木魚狀。澎湖先
　　　民都會用石敢當來鎮風、止煞、驅邪、除穢。（劉淑玲，2009：
　　　24）石敢當的擺放位置不限於海岸邊或是港邊，住家門前或
　　　門後、馬路旁邊都有石敢當的蹤影。

　　澎湖人的生活與玄武岩息息相關，從生活的住家、到維持生計
的農田石滬、心靈寄託的宗教，在在可以看到玄武岩的蹤影，但是
隨著時代的變遷，這些東西漸漸消失或是毀壞，保護是刻不容緩的
事情。

　　玄武岩的侵蝕力量除了海浪外，風化作用也是主要侵蝕力量
之一。澎湖各島低緩的坡地，常有劇烈風化後的多孔狀玄武岩，
這一類岩石中，也到處可見洋蔥狀風化的現象。（王鑫，2004：
128~129）這樣的風化力量也讓澎湖的玄武岩地形呈現與海蝕不
一樣的風貌。

圖 4-1-1　海岸玄武岩圖（作者攝）

圖 4-1-2　海岸玄武岩圖（作者攝）

圖 4-1-3 吉貝石敢當圖（作者攝）

圖 4-1-4 七美雙心石滬圖（作者攝）

圖 4-1-5　鎖港南北塔圖（作者攝）

圖 4-1-6　七美玄武岩石獅圖（作者攝）

第二節　廟宇及古蹟

　　古蹟是古代人類求生存與因應生活需求而存在的產物……古蹟是歷史的目擊者或見證人，古蹟可忠實地反映歷史。（李乾朗、俞怡萍，2000：4）臺灣古蹟的各種類型實際上反映了不同時代的生活與社會組織，我們觀察古蹟如同閱覽一本豐富的文化史課本。（李乾朗、俞怡萍，2000：5）臺灣開發幾百年來，古蹟是先民留給後世子孫最富價值的資產，我們要了解先民的社會結構、社經狀況都可以從古蹟探得，從建築的用木、窗戶的雕花等了解先民的生活情形。澎湖從元代開始設官開發，已經歷數百年，留下的資產經過內政部的鑑定後，一一規畫為國定古蹟，透過立法讓古蹟得以永留後世。

　　隨著古蹟的開放，旅遊業的盛行，許多古蹟都存在破壞的問題，以澎湖的媽宮古城門——順承門為例，就可以在牆上或是步道上看到「某某某」的名字在上面，作為他們到順承門一遊的紀念，可是在這樣行為的背後，古蹟也漸漸遭到破壞。在李乾朗的著作《古蹟新解》曾提到：

> 臺灣的古蹟數量很少，其中大多為寺廟，寺廟是民間信仰中心，香火鼎盛象徵神明很靈驗，但是古廟因為進香活動，擠得水洩不通，對古蹟的保存維護卻不見得有利。（李乾朗，2004：16）

　　澎湖開臺天后宮是臺灣最早的媽祖廟，去年開始進行大整修，許多廟體結構都需要補強，為了讓天后宮可以永續下去，特地搭起

鐵皮保護，再聘請工匠小心維修。澎湖天后宮一直是遊客必定造訪的景點之一，欣賞建築的具象、外觀、結構、格局、文物、彩繪、雕飾，深入觀察研究，便能貼切完整的掌握古建築的布局和文化精髓。（黃柏勳，2007：6）

在黃柏勳的書中就有提到我們應該用五種基本方法來探索古蹟：

（一）視覺——善用視覺感受每一處古蹟之美，同時仔細觀察，由外而內，任何細微之處，皆不放過，更能享受發現的樂趣。

（二）嗅覺——古蹟年代悠遠，貼近古蹟，往往可以嗅聞到歷史散發的歲月氣息，以及內在潛藏的古老味道。

（三）心靈觸覺——通常古蹟只能遠觀，不宜動手觸摸，但是無妨運用心靈觸覺，撫觸古蹟被時間刻畫的斑駁痕跡，感受時空變化演繹的美感與驚奇。

（四）語言探索——善用語言和當地人交流，通常更易於深入了解古蹟鮮為人知的文化，有助於發現古蹟的深度之美，活化古蹟。

（五）行動——建立探索古蹟的基本認知，最重要即是付諸行動，因為唯有真正面對古蹟，才能感受真實存在的歷史，帶給你內心澎湃的驚奇和感動。（黃柏勳，2007：7）

古蹟的維護不是單方面由政府規畫，而是透過教育的力量讓古蹟重生，黃柏勳的說法簡單來說，就是要探索古蹟者用心去欣賞古蹟、主動去了解古蹟，而不是用手去了解古蹟。

　　澎湖縣內現有古蹟分為兩類：其一為國定古蹟，是由內政部直接核定；另一類是縣定古蹟，則是由縣政府民政局負責規畫。內政部核定澎湖縣有古蹟為十六處，縣定古蹟為七處，特將此二十三處古蹟製作解說牌讓民眾及遊客可以更了解澎湖的過去歷史。

一、國定古蹟

（一）開臺天后宮：在日據大正八年（1919 年）重修廟宇時，從天后宮地基挖出明萬曆 32 年（1604 年）「沈有容諭退紅毛番韋麻郎等」碑，此碑文為臺澎地區現存最古老的石碑。（陳仕賢，2006：183）這塊石碑現在還保存在天后宮後，由此塊石碑可以得知，至少天后宮在 1604 年以前就已經建廟，同時此碑還記載了當時天后宮的情形。（王奕期等，2005：138）但是又有一說相傳建於明代初葉。（張鈞莉等，1996：94）目前為內政部公佈的國家一級古蹟。民國 75（1986）年澎湖天后宮為紀念前總統蔣介石逝世十一周年紀念暨天后宮維護周年，舉行「天上聖母出巡遶境大典」，並以船隻恭請媽祖，搭船遶境澎湖海域，祈求澎湖合境平安，風調雨順。（陳仕賢，2006：184）至此之後，澎湖開臺天后宮媽祖每幾年就會舉辦澎湖海上遶境，保佑合境平安。

　　在建築上，天后宮興建的方位是採澎湖許多住家興建的方位，呈坐北朝南。天后宮保留了 400 年前的建築原貌，整座建築完全以木工接榫上去，未用一根鐵釘。（李鎮岩，2001：313）

圖 4-2-1　馬公天后宮（作者攝）

圖 4-2-2　馬公城隍廟（作者攝）

（二）媽宮城隍廟：古代的官員要上任，都必須要先到城隍廟祭拜以示尊敬。（王奕期等，2005：150）媽宮城隍廟興建於1779年，為乾隆時期所興建的廟宇。文澳城隍廟興建時間比此廟早，在乾隆年間因為官員覺得文澳城隍廟太過狹小，不足以用來祭拜及各項祭典，所以在此興建，還有碑文留存。（張美紅，2005：72）

（三）觀音亭：觀音亭為澎湖海岸旁的一間佛教廟宇，為澎湖佛教勝地，主要侍奉觀世音菩薩。觀音亭建立於清康熙 35 年（1696 年）年，為三級古蹟。（王奕期等，2005：152）觀音亭在古物保存十分良好，目前廟內還保留清朝時代的古鐘，只是因為太過古老，基於保存古文物，所以現在已經不再使用了。觀音亭現在不是一間古剎的名稱而已，而是代表整個園區，縣政府將觀音亭周邊的地區全面規畫整建，包括行人步道、球場、溜冰場及兒童遊戲區，讓觀音亭不僅是宗教聖地，也是民眾休閒的好去處。近幾年來，觀音亭儼然成為澎湖每年觀光旺季的重要據點，每年澎湖縣政府都會舉辦花火節，花火施放地點幾乎都在觀音亭的河堤上，讓民眾及遊客可以更貼近煙火。為了讓觀音亭更具特色，特地將兩邊堤防用拱橋連接起來，民眾可以在橋上自由行走，欣賞外海的風光；晚上橋的兩邊裝上六色的燈管，看起來十分美麗，大家都稱呼為「彩虹橋」，在彩虹橋及花火節的輔助下，觀音亭也變成遊客必定造訪的景點之一。

圖 4-2-3　觀音亭園區（作者攝）

圖 4-2-4　觀音亭廟宇（作者攝）

（四）媽宮古城順承門：座落在馬公市，現在保留較為完整的部分在於天后宮至觀音亭一帶，其中於南甲海靈殿旁的順承門經過維護保留較為完整，也成為現今著名的觀光景點，經過內政部規畫評鑑過，將順承門定為「二級古蹟」。

媽宮古城建立於清朝光緒年間，清末發生許多對外戰爭。澎湖原本比較不受到清朝的重視，為了海域的安全，加上澎湖位在海峽中間，地處要塞，所以在澎湖媽宮興建城池。

昔日的媽宮古城分為六座城門，分別是東、南、西、北、小南、小西六個城門。日治時期，小南門、南門、西門、東門都因為都市更新計畫等關係遭到拆除，目前只剩下西門（大西門）、小西門（順承門）。（王奕期等，2005：143）都市的開發是古城漸漸消失的原因之一，人為及戰爭的破壞也是造成古城傾倒的重要因素，澎湖的媽宮古城現在只剩下一小段，上述的大西門已經被作為軍營的大門，所以受到完整保護就只剩順承門了。

日本統治臺灣後，治理澎湖的過程中，覺得城牆會妨礙都市的發展及需要石塊來填港作為新生地，所以拆掉部分城牆及城門。（張志遠，2007：177）先民的資產僅剩下一小部分，所以政府有將順承門的周邊的城牆進行修補，就是希望讓這樣的文化資產可以給數十年後的子孫們都可以透過古蹟了解歷史。媽宮城牆還有三項特別的地方：第一是為了海防興築，是一座臨海的城池；第二是它的城牆厚度是全臺灣各城池第一名（張志遠，2007：176）；第三是城樓較為低矮。（戴震宇，2004：147）澎湖東北季風強勁，如果城牆過高，

在越高處人越不容易站穩腳步，可能是因為這樣的因素，城
樓才會較為低矮。

圖4-2-5　馬公古城順承門（作者攝）

圖4-2-6　中央街四眼井（作者攝）

（五）四眼井：四眼井位在馬公市中央老街內，早期的中央街熱鬧
　　　非凡，中央街因為鄰近海港，開發甚早，先民倘若是通商往
　　　來，常常都以此地為集散地，聽聞住在離島望安的長輩說，

他們年輕時候，久久一段時間就會搭船上馬公採買生活用品，當時就是在中央街南邊的海港上岸，步行就可到中央街。根據黃沼元書中提到：「極盛時期有一千七百多家商店，包括藥材、竹器、瓷器、麵餅、瓦器、酒米、打銀及裁縫等行業，還有與日本通商的紀錄。」（黃沼元，2004：188）

我父親小時候也居住於此，當時家裡做有關製旗子及裁縫的生意，聽說爺爺奶奶都忙著做生意，由此可以印證黃沼元的說法。

既然中央街店家眾多，自然所需的用水也比較多，澎湖對於淡水的取得相對不易，沒有天然湖泊，也沒有高山河川，所以常常需要鑿井取水，四眼井正好提供豐富的水源讓當地人使用。只是目前開井時間不太可考，唯一可以確定的是目前井內仍然有水，許多造訪的遊客都會取水使用。四眼井讓中央街更有歷史意義，也在內政部規畫下成為國定三級古蹟。

（六）施公祠與萬軍井：施公祠是用來紀念明鄭時期的水軍大將「施琅」。施琅原本為明鄭帳下大將，但是後來轉為投靠清朝政府，並且接受康熙皇帝的命令領水軍平明鄭之亂，所以後來為了紀念他興建廟宇。目前的施公祠非原址，而是已經遷移過的地方。

萬軍井位在祠堂的右側前方，原名「師泉井」。此井稱為萬軍井是因為有其歷史典故，澎湖一直以來大多時日都是晴朗無雨的日子，加上井的水量不豐，當時施琅帶著大軍來此駐紮，需要飲用水。天后宮就在萬軍井旁，施琅向媽祖祈求，果然師泉井水量大增，萬軍來也取之不盡，所以後來就

稱為「萬軍井」，或稱「大井」。（張美紅，2004：74）目前
施公祠與萬軍井經內政部評定為三級古蹟。

圖 4-2-7　施公祠（作者攝）

圖 4-2-8　萬軍井（作者攝）

（七）馬公金龜頭砲臺：光緒元年（1875 年），副將吳奇勳在媽宮
　　　西邊的金龜頭（現在改名為金龍頭）設置砲臺。（戴振宇，

2004：146）目前金龜頭砲臺不對外開放，仍為軍事管制區，由澎湖防衛部負責。

（八）湖西拱北砲臺：光緒 13 年（1887 年），總兵吳宏洛改建拱北砲臺。（戴振宇，2004：153）湖西拱北砲臺因為位於較高處，所以目前仍為軍事要地，沒有對外開放。拱北砲臺與金龜頭砲臺對於澎湖人而言相當具有神秘色彩。

（九）西嶼西臺：西嶼西臺又稱為「西臺古堡」，在外頭的牆垣上依舊有四個大字「西嶼西臺」。西臺古堡建立在清光緒 13 年（1887 年），與拱北砲臺時間相近，都是為了抵禦當時入侵臺灣的外國列強。西臺古堡四周圍築起城牆，在裡面則是將石頭疊砌起來為堡，也就是可以在堡上行走，下面是空的通道，彼此之間互通，也有通道可以連接堡頂及內部通道，作為軍事物資傳輸之用。該砲臺垣營上的「西嶼西臺」字樣，為清朝李鴻章的真跡，在臺灣來說相當少見，更顯示其軍事地位上的重要性。（戴振宇，2004：157）雖然為軍事重點，不過早就已經將西嶼西臺對外開放，因為保存及維護完整，相當具有觀光價值，也成為著名的觀光景點，只是所有的砲臺都已經不在古堡內了。

（十）西嶼東臺古堡：西嶼西臺位在西嶼的外垵村，而東臺則是在內垵村。西嶼東臺的名氣未有西臺響亮，主要幾項因素：第一是尚未正式對外開放；第二是佔地面積較西臺小。東臺古堡與金龜頭砲臺一起扼守澎湖海灣的安全，澎湖內海開口倘若被敵軍侵入就會造成嚴重後果，所以清廷命劉銘傳修建西嶼東臺和西嶼西臺，爾後更增添火力強大的砲臺，用來加強澎湖的軍事安全。（王奕期等，2005：141）東臺經過評定後

為一級古蹟，現在東臺已經在政府的規畫整理下準備對外正式開放。所以強調「正式」，是因為現在還在招標當中；不過已經有遊客慕名前往參觀。

（十一）馬公風櫃尾荷蘭城堡：風櫃尾荷蘭城堡是目前臺灣最早的西式城堡，創建於明朝天啟二年（1622年），為荷蘭人所興建。位在風櫃尾的蛇頭山上，蛇頭山地勢較高，可以用來鎮守海疆的安全，守衛馬公。荷蘭人在明朝大將的攻擊下落敗，退回臺南，此地歸回明朝所有。到了清朝後期，基於海防的重要性，特地在此處加以整修。目前已經荒廢了，先前澎湖縣政府有將此地加以整修，希望讓這段歷史可以重現，只是目前都已經無砲臺設施了。（走過歲月——澎湖縣古蹟網，2009）

圖 4-2-9　東臺古堡（作者攝）

圖 4-2-10　馬公風櫃尾荷蘭城堡（林銘志攝）

（十二）西嶼燈塔：清朝乾隆 43 年（1778 年）臺灣知府在西嶼外
　　　　垵的高地上興建此燈塔，稱為「西嶼燈塔」，為臺灣地區
　　　　最早的中國式燈塔。（李素芳，2004：163）當初所以在此
　　　　地興建燈塔，主要是因為外垵旁的水域為來往閩臺或臺澎
　　　　之間的重要海域，但是倘若海象不佳，就可能會發生船難
　　　　意外，所以在此高處建燈塔，作為來往船隻的明燈。燈塔
　　　　經過評定後為二級古蹟，再整修完後，對外開放參觀，同
　　　　時也繼續正常運作。在西嶼燈塔區內，有舊照片訴說著過
　　　　去的故事，也有關於燈塔的相關資料供遊客參考，外面的
　　　　綠地及視線內的風光都美不勝收。

圖 4-2-11　西嶼燈塔（呂濟勤攝）

圖 4-2-12　臺廈郊會館（作者攝）

（十三）臺廈郊會館：又名為水仙宮，地理位置也座落於中央街附
　　　　近，位在天后宮南方，鄰近海港。古時候的澎湖因位在臺
　　　　灣海峽中線，所以為閩臺之間的中繼站。在航行的過程
　　　　中，如果遇到船難，官兵或商人都會藉助信仰撫平心靈。
　　　　「臺廈郊會館」就是這樣建立起來的。（王奕期等，2005：
　　　　148）廟裡供奉水仙尊王，其廟體建築物融合西方建築風
　　　　格，在宮內的建築格局還是保有銅山地區的風格，在澎湖
　　　　的貿易歷史上佔有重要地位，目前規畫為三級古蹟。

（十四）蔡廷蘭進士第：蔡廷蘭是澎湖唯一的進士，目前在興仁里
　　　　仍有其宗祠、故居及塑像留給後人憑弔，但是故居年代過
　　　　於久遠，所以大多已經傾倒毀壞。因為蔡廷蘭故居為私
　　　　宅，所以不是政府可以直接修復，但是業主為免被列為古

蹟不敢同意。（張美紅，2004：74）這樣的文化資產因為所有權的問題而不能修復，亟需要相關單位重視，才可以讓文化資產復甦。從現存的房舍來看，他的故居可以看出當時蔡廷蘭的社經地位。倘若修復後，就可以像李乾朗所說的「觀察古蹟有如閱覽一本豐富的歷史課本」一般，透過房舍也可以更了解當時的建築技術及風格。

　　蔡廷蘭進士及第後，就在中國擔任官職，到了道光 26 年回鄉祭祖時於祖宅的右側興建進士第作為書房。（王奕期等，2005：155）目前進士第也成為興仁當地地標之一。

　　進士第不但是蔡廷蘭高中進士的最佳證明，也是澎湖第一座傳統的三合院宅第，建材用磚石木材及硓𥑮石作為建材。（王奕期等，2005：156）

（十五）西嶼二崁陳宅：陳家大宅位在二崁村，二崁村整村的人幾乎都姓陳。陳家大厝興建於光緒末年，一直到民國初年才完成「兩落八櫸頭」的三合院結構。（張美紅，2005：142）從其建築的結構和選材，可以看出當時社會背景，在澎湖的建築來說，陳家古宅的建築是加長型，堪稱是相當重要且經典的建築物。

（十六）文澳城隍廟：文澳就在今天澎湖的西文里一帶，以前叫做「暗澳」。文澳是當地人對於該區的稱呼。根據內政部頒布的古蹟中，文澳城隍廟屬於國定三級古蹟。

　　文澳城隍廟興建於清雍正年間，這數百年來經歷過多次的翻修，許多先民的古文物都在翻修過程中換新，廟內目前留有一件從清朝嘉慶年間（1819 年）所使用的香爐。（王奕期等，2005：154）

圖 4-2-13　西嶼二崁陳宅（呂濟勤攝）

圖 4-2-14　文澳城隍廟（作者攝）

二、縣定古蹟

（一）西嶼內垵塔公與塔婆：位在西嶼鄉的內垵村。內垵村地勢較
　　　低，內垵北港向西的海中有暗礁與北邊陸地之間形成箭狀，彷

彿直射內垵村內，所以居民認為他們常受災害是因為此因，特地興建此二塔用來鎮煞。（走過歲月——澎湖縣古蹟網，2009）兩個塔一大一小，塔公頂是白色的，塔婆是全黑的。

圖 4-2-15　西嶼內垵塔公（呂濟勤攝）

圖 4-2-16　西嶼內垵塔婆（呂濟勤攝）

（二）鎖港南北塔：座落在澎南地區的鎖港社區，根據塔旁的碑文
上記載，這兩個塔的建立年代按耆老的說法應該近兩百年
了。所謂的南北塔就是「南午塔」、「北子塔」。以前這邊兩
塔中間有座高沙丘，一直都是民眾進出港的指標，有一天可
能是颱風天，此地標看不清楚，造成重大損失，神明指示建
立南午塔、北子塔以鎮煞。後來在神明的指引下，下令每戶
人家每丁口親自頒一塊石頭去堆疊，起初疊至七層塔，後來
又整建為九層塔，理由是人口增多，為了永續長久，永保居
民長長久久。

圖 4-2-17　鎖港南北塔（作者攝）

圖 4-2-18　馬公關稅局馬公支關（作者攝）

（三）高雄關稅局馬公支關：座落在馬公港區，作為船隻進港關稅
之用。日本在 1934 年成立高雄稅關，馬公為澎湖的主要出
入港，日本設立馬公支署，受高雄稅關的管轄。高雄關局與
馬公支關於民國 35 年（1946 年）接收，然後正式辦公。（走
過歲月——澎湖縣古蹟網，2009）

（四）龍門裡正角日軍上陸紀念碑：日軍在甲午戰勝後，依馬關條
約要佔領臺灣及澎湖。當日軍要登陸澎湖時，遭到軍民反
抗，所以在龍門裡正角登陸。爾後成立此紀念碑，光復後國
民政府將碑文改為臺灣光復紀念碑。（走過歲月——澎湖縣
古蹟網，2009）

（五）林投日軍上陸紀念碑：此碑為日軍入侵澎湖，在湖西林投登
陸後成立的紀念碑，是臺灣目前最早有關日軍侵臺的紀念
碑。民國三十四（1945）年日本落敗後，國民政府將此碑改
為抗戰勝利紀念碑。（走過歲月——澎湖縣古蹟網，2009）

（六）第一賓館：座落在馬公市觀音亭旁。民國三十一年（1942
年），為日治時代日軍所建。（張美紅，2005：72）後來前總
統蔣介石、蔣經國等都有來此下榻。第一賓館不但作為總統
行館，在戰略上也肩負指揮所的角色，頗具歷史意義。以前
第一賓館平時不對外開放，在前任賴縣長的努力下，加以整
理對外開放，才讓第一賓館脫離神秘面紗。經過整理後，晚
上的第一賓館在燈光的輝映下，格外讓人驚艷。

（七）乾益堂中藥行：乾益堂中藥行正好位在四眼井旁，也屬於中
央街內部的商店，興建風格採巴洛克式建築。（張美紅，
2005：72）因為該建築為民國以後，所以未能列為國定古蹟，
但是其建築物仍有一定歷史，加上見證當時中央街極盛時期

的勝況，所以將其規畫為「縣定古蹟」，讓它成為老街聚落保存的一部分。乾益堂對於遊客而言，不僅是欣賞古蹟之美，還包括品嚐該店的特色，用他們的中藥熬燉的茶葉蛋及豆干，香氣四溢，讓造訪中央老街的人都忍不住大啖美食。

圖 4-2-19　第一賓館（作者攝）

圖 4-2-20　乾益堂中藥行（作者攝）

第三節　海岸地形與硓𥑮石

一、澎湖的海岸地形

澎湖群島四面環海，海岸線曲折，且長達 320 公里。在海岸的大分類中，倘若依照構成物質來分類，可分為沙岸及沿岸。（李素芳，2001：24）所謂的岩岸，大多水深彎闊，富天然良港；而沙岸就是沿海多沙灘或是沙洲地形，大多適宜觀光休閒或是海水浴場的規畫，不利於漁業及商業的發展。

舉例來說，「基隆港」就是天然的良港，基隆港為岩岸地形，水深灣闊，有利於漁業及商業的發展。所謂漁業發展，指的是漁船的停泊及於海域內的天然漁場。至於沙岸地形最為顯著的當屬西海岸，西海岸多沙灘或沙洲。雖然沙岸的海岸較為寬廣，不過水深較淺，不適宜船隻停泊，以至漁船停靠困難或是大型商船根本無法靠近海岸。

在澎湖來說，澎湖是岩岸與沙岸都十分豐富的島縣。海岸線這部分是沙岸，再延伸過去一部分就是岩岸。海岸的多元化，也讓澎湖在發展上更具特色及優勢。

以湖西地區為例，湖西的隘門、林投等社區的南方海岸大多為沙岸，雪白的細沙蜿蜒在海岸邊，從遠方看去，十分美麗，也因此這兩處是海邊旅遊的聖地。林投在數十年前就已經相當聞名，當時林投海岸沙灘規畫為公園，包括動物展示、日軍上岸紀念碑，還有烤肉區，每每是學校戶外教學的好去處；只是後來年久殘破漸漸荒

廢。所幸這幾年縣府積極整修，又讓林投公園恢復往日的丰采。林投公園是湖西地區早期相當著名的沙灘，林投前的社區「隘門」，隘門的沙灘因為沒有人為開發，更是潔白，且海岸線平直寬闊，相當適合踏浪戲水。也是因為隘門沙灘位在防風林外，所以較為隱密；只是近幾年來，隘門沙灘聲名大噪，隨著政府的規畫，包括盥洗設施、涼亭及遊樂器材的進駐，加上美景傳播向外，所以遊客越來越多，縣政府也為了推廣隘門沙灘，還曾舉辦沙灘排球節。只是在熱鬧的背後帶來的問題不少，隘門沙灘增加了許多人為設施，天然的美景不是直接映入眼簾，因為還夾雜著許多建築物。

在這兩個之外，林投公園的沙灘再過去一些，現在也規畫為金沙灘，也曾經在這裡舉辦大型活動，強力推銷。這三處沙灘可以連成一線，如果從頂端的隘門沙灘開始走起，可以一路向金沙灘進發，綿延的沙岸是這區最大的特色。沙灘在過去一段，到了湖西的東邊就是龍門。龍門再往北，大多為岩岸，適合開發為港口，所以這幾個地區都有漁港。其中以龍門港吞吐量最大，也可以像馬公港一樣停泊大型船隻。恰好龍門位在澎湖的東邊，所以有部分中部的船隻，例如嘉義等就會將船隻停靠在龍門港，而不是繞到較遠處的馬公港。

海岸帶給澎湖的不僅是天然資產而已，還包括背後的價值性。岩岸的價值在於漁業資產及觀光產業，沙岸的價值在於觀光產業及活動運用。方才提到的龍門港，龍門社區在湖西鄉中算是屬一屬二的大村落；即使村子佔地不大，可是人口卻相當的多。澎湖幾個鄉間著名的大村落（所謂的大村落，在這邊先以人口為定義點），包括西嶼鄉的外垵、白沙鄉的赤崁、湖西鄉的龍門、馬公市澎南地區的風櫃、山水及鎖港，都是人口數相對較多的社區。在漁業發達的

時候，對他們來說，就是蓬勃社區的最佳時機。在一次談話中，風櫃的顏姓船長提到，在他小女兒出生後沒多久，他們家運勢正旺，漁獲滿載，經濟狀況變得較為富裕，所以就買新家、換新車，過著比以往更舒適的日子。澎南地區多良港，提供給民眾天然的資產使用，使得澎南地區許多里都是在地人所說的「大社（臺語）」。其實在這幾個地方也不是只有岩岸可以發展，在山水部分，不僅有岩岸可以興建漁港，更有潔白的沙灘。山水沙灘是許多愛好衝浪的好去處，附近住宅就在沙灘旁做起生意，且生意項目包羅萬象，除了一般的冰品、飲料、食物外，還包括鹽洗。每到夏天山水沙灘也是遊客成群，如此天然的海岸資源自然民宿業者也不會錯過。在海岸邊蓋起一間間的民宿，強力主打的就是可以在房間內一覽海景，有著極佳的視覺效果。

　　知名臺語天后江蕙曾經演唱過一首膾炙人口的金曲〈惜別的海岸〉，歌詞細說著到海岸邊回想著過去。早期資訊不是相當發達，加上設備不佳，所以每次出海都是冒著生命的危險，所以就有許多歌曲從這樣的感覺被傳唱出來〈望你早歸〉也是在這樣的背景下被傳唱至今。因為漁業科技的發達，現在比較不會有這樣的情況。回想起以前澎湖的婦女在海岸邊等待心愛的丈夫及兒子回家的情景，真的覺得這些婦女相當偉大。我任教學校的社區就有家長不幸在出海過程中失去蹤影，由婦女獨立撫養孩子長大。正如同水能載舟，也能覆舟的道理一般，對漁村社區的人而言，海岸是甜蜜的負荷。

　　澎湖海岸線長，對於海岸的規畫政府也力求多元化。如在市區的部分海岸規畫為行人步道，裝飾著藍色的燈光，夜晚裡漫步其間，讓人心曠神怡，多元化的運用讓海岸更富創意及生機。

　　天然海岸是上天賜予的資產，但是會不會有一天成為「資慘」？澎湖四面環海，海帶給澎湖商機及活力，但是無情的傷害也是無法避免的。澎湖海岸線長，多數村落都沿著海岸發展起來，也就是說大多數的村落都臨海。每到颱風天，如果風勢強勁，往往會發生海水倒灌，海水沖過堤防直接沖入民宅內，造成經濟上的損失；加上近幾年來，地球暖化漸趨嚴重，海平面上升。澎湖地勢較低，且週邊都是海洋，倘若暖化持續嚴重，海岸線越升越高，不保以後海水倒灌會不會更嚴重。

　　海洋的問題不單是大自然所造成，例如海平面上升，其實人為因素更是強力殺手。西部沿岸存在著地層下陷的問題，漁民超抽地下水作為養殖漁業之用，使得地層下陷嚴重，造成路地比海平面還要低的情況。如此，堤防要越築越高，居民的房舍也要架高，抽水設施要不斷更新採購，否則颱風天或是豪雨天，就常常釀成重大水災。堤防越築越高，不單只是國家預算上的花費而已，天然的海岸美景逐漸消失在眼前，取得代之的是高聳的堤岸。還有曾在臺灣某海邊的高聳堤岸看到彩繪，或許就是不希望堤岸太過生冷，這樣的高堤防就是我們人為造成的；倘若不改善，以後沿海都只有堤防美景，而沒有海岸之美。在李素芳書中提到地層下陷會「增加海岸的侵蝕作用」。（李素芳，2001：182）就如同在第三章第一節中有提到洪國雄的一段說法：

> 不當的海堤不但浪費公帑，破壞海洋生態，阻絕了淡水入海使沿海鹽度升高影響魚貝卵孵化，也使自然濱線消失，損及視覺品質和民眾親水權益，甚至引起下游的另一波海岸侵蝕。（詳見第三章第一節）

　　所以堤防不僅是視野的問題，還包括海岸的保育問題。在澎湖地區的海岸邊普遍都有消波塊的存在，而且數量相當驚人，當初放置就是希望減緩海浪對岸邊的侵蝕作用，但是也有學者提出不一樣的看法，認為就是應該將消波塊撤除，讓海回歸到原始的狀態，在自然潮汐中運作。消波塊在海岸邊看來相當突兀，整體的海岸美都被消波塊給破壞了。先前曾經聽聞一種說法，是說我們的海水運動，包括漲退潮、海浪等，都會帶走一些沙子或小石子，也會帶來一些沙子或小石子，這兩項是同時並存發生的，但是因為消波塊的大量放置，會造成一種現象：就是沙子及小石子被帶走了，可是因為大片的消波塊，使得海浪帶來的力量不足，可能會造成沙灘的危機，是越來越後退，成為新的海岸危機。

　　在李素芳的書中提到海岸的「突堤效應」：

> 臺灣海峽強勁的黑潮在每年中秋節前後到次年清明節，會挾帶大量的流沙從北往南流。當沖擊到凸出海岸的地形或是港口堤防時，就會發生北面擋下流沙造成淤積狀況，南面則是形成迴流，不斷將海岸邊或堤防下的海沙掏走，形成海岸線內縮或是堤防塌陷的突堤效應。（李素芳，2001：184）

　　這樣的情況可能要花更多的公帑來改善情況，淤積的港口要花大量資金疏濬，塌陷的海堤要花預算重新修補，這些都是人為的災害。但是換個思考點，我們因為要生活，所以必須要興築堤岸、港口，才可以讓船隻停靠。這是在經濟面的考量；只是在經濟與環境的因素下，我們應該力求平衡點，讓自然反撲的力量減小。先前澎湖的望安島的潭門港灣內也因為泥沙淤積嚴重，使得澎湖新採購的

南海較為大型的交通船「南海之星」無法停靠，就只能發包工程請怪手來疏浚泥沙，才能順利靠岸。

海岸的污染已經是全民的問題了，污染源當然不只是海岸邊所造成的，還包括河川污染。工廠排放的廢水造成河川的污染，或是民宅私下排放廢水進入河川，往往會造成河川的優氧化或是重金屬污染，這些家庭廢水或是受重金屬污染的廢水從溪流中流入海洋，就造成海洋的污染。

澎湖四面環海，海洋及海岸是孕育澎湖生命的奠基，保育更是不可忽略的要事。澎湖的海岸不時存在污染的問題，最大宗的污染來自於垃圾或是廢油。海港內或是沙灘上，常常都有廢棄的寶特瓶、酒瓶或是保麗龍，這些東西對於海洋來說都是不能消化的永久性廢棄物，不但讓我們的海岸蒙上陰影，對旅遊發展業更是不利。

二、硓𥑮石

澎湖四面環海，島嶼四周有珊瑚礁環抱，所以取得珊瑚礁是相當便利的。早期居民蓋房子或是製作生活所需的物品取得材料都會以經濟或是便利性為考量要點，先前第一節提到先民會用玄武岩蓋房舍，就是與硓𥑮石是相同的因素。硓𥑮石在澎湖的應用上不單只是在房舍上，還包括其他項目。大概可以區分為下列幾項類別：

（一）生活功能：可以用來輔助民眾的生活，例如：菜宅（蜂巢田）、水井、石滬、魚灶、港口及堤防等。

（二）住宅功能：滿足民眾安身立命的功用，例如房舍、牛棚、倉庫、廁所等。

（三）民間信仰功能：滿足民眾信仰上的需求，例如：廟宇、營頭、
　　　石塔、石敢當等。

（四）官衙及社教設施：因為官方需求所興建的建築物，例如衙
　　　署、營盤、砲臺等。

（五）其他功能：包括交通、防禦、生命禮俗所興建的建築，如灰
　　　窯、橋、槍櫃、城、義塚、石碑。（歐新通，2004：9；鐘云
　　　霜，2007：9）

　　先民到海岸邊取硓𥑮石回去使用，並不是一拿回去就可以運用
來蓋房舍，還需要一段時間讓硓𥑮石轉變成可用石材：

> 硓𥑮石初挖時，質地脆弱，含鹽量多，需經過長年累月的
> 日曬雨淋，將其內部鹽分析出，其質地才會變得堅硬，一般
> 而言三年才可將鹽份析出，但若要將鹽分完全退盡，則需要
> 七、八年之久。（鐘云霜，2007：11）

　　先前就曾經聽過七十多歲的耆老跟我說過硓𥑮石不是從海邊
撿起來就可以用，以前的男人如果到了成年，有些都會開始撿拾
硓𥑮石，放在家中戶外讓它風吹雨淋；如果爾後結婚倘若需要，就
可以拿來蓋新房子。

　　硓𥑮石如果沒有先經過上述的步驟，可能會影響硓𥑮石彼此
之間密合度的持久性。硓𥑮石是澎湖特有的建築材料，取材自海底
的珊瑚礁，珊瑚礁是由珊瑚蟲的屍骸凝結而成。（鐘云霜，2007：
11）它是最天然的建築材料；但是隨著硓𥑮石的越來越稀少，現在
已經禁止使用了。不過仍有許多的房舍依舊為硓𥑮石建築，甚至都
還有人居住。長輩們都說，硓𥑮石所蓋起來的房子真的很堅固耐
用。現在澎湖有兩大聚落是硓𥑮石建築群：一是西嶼二崁村；二是

望安中社（舊名花宅）古厝群。花宅古厝群許多都已經荒廢傾倒了，因為離島謀生不易，許多人家都搬離古宅，房子年久無人居住，自然就沒有維護整理，也就慢慢的雜草重生。即使現在政府已經將花宅及二崁列為重點維護，可是花宅硓𥑮石房舍的景象仍是相當令人惋惜。

圖 4-3-1　石公共藝術圖（作者攝）

圖 4-3-2　石房舍圖（作者攝）

圖 4-3-3 傾倒的　石房舍圖（徐和義攝）

第五章

澎湖風俗民情的特色

第一節　地名由來及其演變

一、縣名的來由

　　澎湖的閩南語讀音為「平湖」。這個名稱是由中國南宋時期所命名，所以澎湖在地人對於縣名的閩南語稱呼都是「平湖」，而外地人士稱呼的閩南語「澎湖」則是依字面而唸，非在地發音。澎湖在明鄭時期之後通稱「澎湖」，並沿用至今。（蔡培慧等，2004：171）

二、各鄉鎮市名稱

　　澎湖在行政區域畫分為六個區塊，共分為馬公市、湖西鄉、白沙鄉、西嶼鄉、望安鄉、七美鄉。

　　馬公市在清朝年間稱為「媽宮」，其緣由應該與澎湖開臺天后宮有關。天后宮位於中央老街，為澎湖最早開發的村落，由於漁民靠海為生，媽祖的信仰深植人心，所以馬公市因此稱為「媽宮」。現今在地澎湖人在閩南語發音上，對於「

馬公」的發音依舊發作「媽宮」的讀音，就是沿襲自祖先傳下來的地名，而非後期所更改的「馬公」。這也使得許多外地人倘若按照「馬公」唸閩南語，就無法讀出正確讀音。「媽宮」所以改成「馬公」，是 1920 年日本人所改，改地名的目的是要配合澎湖改為「郡制」及消滅中國傳統文化。（歐成山，1996：26）至於為何會將「媽宮」改成「馬公」，而非其他名稱。據歐成山書中提到：

> 民國七十三年（1984 年），蔡平立先生寫了一篇文章，記述「媽宮」被改成「馬公」的原因：……日本人一向都有簡化漢字的強烈意識，將「媽」刪掉女字旁，謂之「簡」，將筆畫較多的「宮」改為「公」，謂之「化」，而且「媽宮」與「馬公」是諧音……（歐成山，1996：27）

馬公市原本為馬公鎮，到了 1981 年改為縣轄市，為澎湖的首善之區，也是澎湖政經中心所在，大多數的縣府機構都在市區，所以馬公市也是澎湖縣內人口最多的區域。根據《馬公市公所》的網站資料顯示，文建會曾經有考慮過將馬公改回原來的「媽宮」，但是因為周邊相關變更措施繁雜，後來就取消提議。

湖西鄉取名自清朝時代的「湖西社」。（歐成山，1996：77）根據歐成山書中的說法，湖西地名的由來是：

> 湖西鄉治所在地所以稱為湖西，文獻沒有記載，但據湖西鄉的地方耆宿「判斷」，可能是因為湖西村南側有個池塘，儲水長年不乾，像個湖泊，環繞著湖的西、北、東三個方向都有人居住，因此先民及取湖西作地名。而且自古至今，只有

湖西及湖東的地名，而無湖北、湖南，相傳是先民取地名時，
避免與湖北省及湖南省相同。（歐成山，1996：77）

白沙鄉以前沒有白沙這個行政區域的名字，在古代白沙島是其
他的行政名稱，可是已經有白沙島這個稱呼了。

「白沙島」這個地名的由來是，相傳明清時代，當大陸的輪
船航經白沙鄉時，在船上的人第一眼便看到吉貝島海岸的一
大片白沙灘，因此時間久了，大家就都叫「白沙島」。（歐成
山，1996：118）

文中提及的吉貝島是位在澎湖的北海，為著名的觀光景點。吉
貝島最聞名的就是「沙嘴」從空中俯瞰更是壯觀，而且島嶼多處都
是白淨的沙灘，目前是遊客到澎湖旅遊必去的觀光景點。

西嶼鄉的島名叫作漁翁島，當我們一過橋進入西嶼鄉便會看到
一尊大漁翁矗立於橋口，政府順便將附近規畫成休憩區，好讓遊客
到此攝影留念。

先民所以取名「漁翁島」，是因為古代臺灣海峽漁業資源豐
富，許多漁船多在西嶼鄉西方沿海作業，由於捕魚的漁船
多，因而取名「漁翁島」。（歐成山，1996：148）

西嶼既然原稱為「漁翁島」，一直到了清朝時期，才設名為「西
嶼」。恰巧漁翁島在澎湖本島（泛指澎湖大島、白沙島及漁翁島）
的西北邊，其重要大型村落外垵更是在澎湖本島的最西邊。

望安鄉是澎湖縣的離島鄉，位在澎湖本島與七美島之間。

> 望安鄉在清朝時代叫作「八罩」。……「罩」這個字閩南語
> 是指湊合的意思。「八罩」就是指八個島嶼湊合在一起，成
> 為一個行政區塊。（歐成山，1996：168）

望安鄉本身主體為兩大島「望安島」及「將軍嶼」所組成。望
安島的四面海域都有零星小島，所以合起來才有所謂的八島。人倘
若站在望安島的最高處天臺山往四周看，天氣好時可以看到最遠的
花嶼，當然近處的東、西嶼坪及將軍嶼是絕對沒問題的。而望安的
地名沿革最早就是「八罩」，再來變成「網垵」，最後才演變成「望
安」。其中「網垵」在望安島還有一處小地名為「網垵口」，還沒有
更改名稱。先民將八罩島後取名「網垵」，也是有其意義：「網」就
是漁網，而「垵」是指港口。（歐成山，1996：170）總體來說，就
是港口都是漁網，而這樣的意思正好與當地捕魚維生相契合；至於
「望安」這兩個字的含意是「希望與平安」，其實是「望安」與「網
垵」同音。

七美鄉在澎湖鄉鎮市中的最南邊。

> 七美鄉，明、清兩個朝代民間都叫「七美島」，只有官方叫
> 「大嶼」，日據時期仍叫「大嶼」，光復後才改為七美鄉。（歐
> 成山，1996：184）

七美這個稱呼的由來，只要去過七美一遊或是澎湖在地人大多
不陌生。相傳古代有一批海盜登上大嶼，他們不但洗劫財物，看到
七位美女更是意圖染指。這七位美女不願被海盜汙辱，憤而投井自
殺，後來的人在井邊立碑，也建造墓塚來紀念這七位偉大的美女，
更將「大嶼」改名為「七美」。

三、澎湖各地名演變

　　澎湖的諸多地名都有其歷史典故。以大範圍來說，有一部分是依當地特色或是形狀來命名；另一部分是依其先祖的家鄉名稱來命名。許多地名都有其含意。

　　寮：隨地搭建的茅屋，在閩南語就叫做「寮」。馬公市有前寮；湖西鄉有南寮、北寮，還有特別的中西村，中西村的由來是中寮與西寮合起來命名的；在白沙鄉則是有後寮，唯獨澎湖沒有東寮。當然現在的住家都已經是磚瓦水泥製的，已經不再有茅屋，但是祖先傳下來的名字還是被現代人所沿用。

　　崁：在懸崖邊的村落就有「崁」字。馬公市有烏崁；白沙鄉的大赤崁、小赤崁；西嶼鄉的二崁等。

　　衛：清朝來澎湖時期，所建立的軍事的守衛點，稱為「衛」。澎湖全島只有馬公是有「衛」字的地名，其一為「東衛」，其二為「西衛」。至於東、西的名稱來由，是因一個位在媽宮城的東邊，一個在西邊。這兩個地名，從命名至今都沒有更改名稱，兩地現在也成為澎湖重要的村里，人數戶數眾多，屬性偏向住宅區，已經失去原本守衛的意義了。

　　頭：該地區域有伸入海中的小半島，地名大多有「頭」。包括馬公市的金龜頭、蛇頭；湖西的沙港頭；西嶼的合界頭。其中大多數地名保留至今，只是去掉頭字，例如沙港頭改為「沙港」，合界頭改為「合界」。有一個名稱十分特別，那就是「金龜頭」。那是以前的說法，很久以前的人傳說澎湖看起來就像是一隻烏龜，而該地

正好處在烏龜的頭部,所以稱為金龜頭;但是後來覺得這個地名似乎不甚好聽,所以將「金龜頭」改名為「金龍頭」。

　　垵:先前有提到「垵」字的意思是「港口」。在幾個地方有「垵」為名的地方。包括馬公市井垵、鎖港垵;西嶼鄉的外垵、內垵,望安鄉的網垵、水垵。

　　上述的各項分類是概略性說法,澎湖村里過去這數十年來的地名演變,特用下列此表做說明;而基於關聯性及現在的通用性,所以只統整近期的舊地名及現今地名的比較:

表 5-1-1　澎湖村里舊地名與現今地名統整表

編號	所在鄉鎮市	舊地名	現今地名	備註
1	馬公市	金龜頭	金龍頭	現今許多長輩對於金龍頭的臺語發音依舊為「金龜頭」。
2	馬公市	火燒坪	光明	現今澎湖人對於光明里的臺語發音大多依舊為「火燒坪」。
3	馬公市	後屈潭	重光	現今澎湖人對於重光的臺語發音大多依舊為「後屈潭」。
4	馬公市	暗澳	西文	現今許多長輩對於西文的臺語發音依舊為「暗澳」。
5	馬公市	雙頭掛	興仁	現今部分長者仍會稱「雙頭掛」。
6	馬公市	雞母塢	五德	現今許多長輩對於五德的臺語發音大多依舊為「雞母塢」。
7	馬公市	小管港	鎖港	
8	馬公市	鐵線尾	鐵線	現今許多長輩對於鐵線的臺語發音依舊為「鐵線尾」。
9	馬公市	豬母水	山水	現今有少數長輩對於山水的臺語發音依舊為「豬母水」,但是已經比較少了,大多用山水的臺語稱。
10	馬公市	井仔垵	井垵	現今許多長輩對於井垵的臺語發音大多依舊為「井仔垵」。

11	馬公市	風櫃尾	風櫃	現今許多長輩對於風櫃的臺語發音部分依舊為「風櫃尾」。
12	馬公市	宅腳嶼	安宅	現今有少數長輩對於安宅的臺語發音依舊為「宅腳嶼」，但是已經比較少了，大多用安宅的臺語稱。
13	馬公市	好井	虎井	臺語發音同。
14	湖西鄉	大城北	城北	現今澎湖人對於城北的臺語發音大多依舊為「大城北」。
15	湖西鄉	港底	成功	現今仍有多數澎湖人對於成功的臺語發音依舊為「港底」，但是也有人直接用成功的臺語稱呼。
16	湖西鄉	沙港頭	沙港	
17	湖西鄉	奎璧港	南寮	
18	湖西鄉	紅林擔	紅羅	現今澎湖人對於紅羅的臺語發音依舊為「紅林擔」。
19	湖西鄉	良文港	龍門	現今澎湖人對於龍門的臺語發音依舊為「良文港」。
20	白沙鄉	中墩	中屯	「墩」與「屯」臺語發音同。
21	白沙鄉	港尾	講美	現今澎湖人對於講美的臺語發音依舊為「港尾」。
22	西嶼鄉	竹篙灣	竹灣	現今澎湖人對於竹灣的臺語發音依舊為「竹篙灣」。
23	西嶼鄉	大池角	大池	
24	西嶼鄉	小池角	池東	
			池西	
25	西嶼鄉	內塹	內垵	
26	西嶼鄉	外垵	外垵	
27	西嶼鄉	緝馬灣	赤馬	
28	望安鄉	花宅	中社	現今部分長輩對於中社的臺語發音依舊為「花宅」。

（資料來源：歐成山，1996）

　　由上表可知，許多現今澎湖地名的臺語唸法依舊以舊地名為主，現用地名僅是法定名稱而已。對於澎湖在地人來說，倘若有人以紅羅的直接翻譯成臺語來詢問如何抵達，一定沒人聽懂該地是何處。這樣的語言挾帶著古文化是必須要保存的，方言的推動不是以制式化的課本教學，而是生活中親子或是爺孫用方言溝通就可以掌握的。

圖 5-1-1　西嶼鄉赤馬村門牌圖（呂濟勤攝）

圖 5-1-2　馬公市重光里門牌圖（歐玫姍攝）

圖 5-1-3　望安鄉中社村門牌圖（徐和義攝）

圖 5-1-4　馬公市風櫃里門牌圖（高意玲攝）

圖 5-1-5　湖西鄉成功村門牌圖（辛柏緯攝）

第二節　漁村生活與海上交通

一、澎湖漁村生活

　　澎湖的傳統產業為漁業，尤其鄉下更是以漁業維生居多，漁港也就十分普遍。澎湖的海岸線約 320 公里長，總計有 69 個漁港，幾乎每個村落都有出入的港澳，除了耕地外，港澳和漁場是澎湖村落發展的重要條件。（黑潮海洋文教基金會，2004：166）部分村落

倘若人口眾多或是海岸長，港口就不只一個，以風櫃社區為例，就至少有兩個規模不小的漁港提供船隻進港卸貨或停靠。

　　澎湖冬季東北季風盛行，如何讓船隻停靠可以比較安全，就要多考量地形及天候的因素。澎湖大多漁村的港口設置在村南，有些村落的北邊地勢較高，所以將港口設在向南冬季可以避免東北風直接吹拂。例如外垵港口設計向南，馬公市的三大漁港也是設計朝向南邊，望安鄉的北邊也有漁港，但是交通船停泊都繞大圈停在南岸；倘若是該村落港口無法向南，而是向西或向東，就會採取變通的方式，將堤防加長或築高，甚至是用較密閉的方式興築堤岸，就是減輕風對港內船隻的影響。

　　傳統村落的發展仰賴傳統產業，大多數澎湖的村落都倚仗漁業維生，以馬公市村里為單位說明·

　　馬公港分為三大漁港，第一漁港主要是大型客貨輪停泊，第二漁港現在走向休閒路線，第三漁港因為腹地廣，且港域寬廣，所以是目前馬公港中夏天最熱鬧的港口，每到炎夏的觀光季節，第三漁港的快艇穿梭其中，所以第三漁港是以觀光以及南海的海上交通運輸為主；澎南地區的各村落幾乎都有港口，其中鎖港里的港口最為熱鬧，船隻數量多，近幾年來，鎖港社區越來越發展，商店、診所陸續進駐，發展的結果不但讓社區整體經濟更好，也讓周邊社區的民眾生活機能更加便利。此外，馬公漁港因位於澎湖本島的內灣，屬天然港澳，緊鄰馬公市，兩側均有自然屏障，風浪不易直接侵入，所以港灣內宛若一座大湖，水域穩靜。（黑潮海洋文教基金會，2004：169）因此，馬公港成為澎湖最重要的港口，也是各地漁獲的集散地，清晨的漁市叫賣聲不斷，夏日到澎湖旅遊，去一趟清晨魚市也是不少人推薦的行程之一。

　　漁港倘若是夠寬廣、周邊設施（卸貨中心、製冰廠等）夠完善，加上附近區域腹地夠廣闊，常常會帶動村子的發展。村子如果發展起來，居民滿載而歸賺大錢，連帶著廟宇也會跟著翻修或是擴大熱鬧辦理各項慶典。漁民是靠海維生的群族，廟宇普遍存在於每個漁村內，王爺的信仰是最大宗的力量，村內的重要耆老擔任廟裡的重要工作。每個村落當遇到廟有大型慶典，就會放下手邊的工作。以我服務的社區風櫃為例，在 2007 年東宮（臺語發音，風櫃社區主要有三間廟宇，以方位簡稱，非廟宇本身名號）新廟上樑，幾乎是動員村內的男女老幼一起參與盛會，男生負責吃力的抬轎、乩童，女生則是負責舉旗或是敲鑼打鼓，學校也帶著學童一起參與社區的大事，兩三百人一起參與，相當熱鬧。今年四月時曾經東宮新廟落成，村內其他廟宇的神轎其鄰近社區的神轎隊都來參加落成大典，學校還帶著小朋友的舞龍隊一起祝賀，整個社區居民都在門上掛上廟宇贈送的布幔及燈籠，在門口設案擺放素果祭拜，沿路上鞭炮聲此起彼落，隊伍綿延數百公尺。大人小孩都放下手邊工作或是向工作單位告假一起參與盛事，其中一位家長提到：廟宇慶典這段時間，他們幾位船長都要輪流去廟裡幫忙，所以暫時不會出海捕魚；即便是晴朗海象良好的日子，一樣會為了廟宇活動暫時放下賺錢的機會，可見宗教對於漁村生活的重要性。

　　近幾年來，漁業資源較為枯竭，漁村的經濟已經不像以往那麼風光，倘若是加上天候不佳，就會將船隻停靠在岸邊，沒有出航捕魚，留在村落內。因此，許多休閒活動就是他們轉換焦點的工具。他們會購買卡拉OK組合，倘若是閒暇時，左鄰右舍或是親戚朋友一起唱歌聚會，當然在廟口談天說地也是他們活動空間之一。此外，漁村居民因為彼此生活在同一場域內，所以大多熟識或是認

識，自然情誼深厚，在村內碰面閒聊兩句，增添情感。倘若是有大型節慶活動，更是舉家一起參與，就像中秋烤肉就是全村總動員。

　　對於許多漁村的婦女、孩子或是老人家來說，夏季是最忙碌的季節，先生出海捕魚，留在家裡的妻子就要照顧一家老小，白天要去岸邊整理漁網，還要兼顧家庭運作，相當辛苦。許多孩子的假日或是放學後，倘若是家裏的船隻今天進港都必須要到海邊幫忙整理。如果家裡沒自己的船隻，有些家長會帶著孩子去幫忙整理他人的漁網賺取微薄的生活費用，這樣的景象部分孩童會把幫忙清理漁網的情形寫在生活日記上與老師分享。

二、澎湖海上交通

　　澎湖是由數十個島嶼所組成的群島縣，在澎湖本島的連島橋尚未興建前，澎湖大島與白沙島、白沙島與漁翁島之間的運輸只能倚賴小船隻，澎湖大島與白沙島在大退潮時可以步行過去，但是仍屬不便，後來中正橋、永安橋的興建連結了白沙鄉與澎湖大島之間，而白沙與西嶼之間的跨海大橋興建後，更是讓本島交通更為順暢，西嶼到市區走陸路就可以了。至此澎湖本島之間毋需交通船作為通勤的工具，交通船就運用在與離島的通勤上。

　　澎湖有幾個離島因為有人居，所以有固定班次的交通船來往島嶼和本島之間，包括望安、將軍、虎井、桶盤、吉貝、鳥嶼、花嶼、七美、大倉等，其餘諸島大多以旅遊觀光為主，船隻大多為觀光用途的快艇為主。

　　現在以南海諸島為例。虎井、桶盤、望安、將軍、七美等五島位在澎湖南海，其中的虎井、桶盤、望安、七美，觀光業者把它規

畫為南海四島之旅，這幾個島嶼都有人居住，其中以七美、望安、將軍人口較多。縣政府在這幾個島嶼都有規畫交通船隻，而且是每日都有固定班次提供民眾寄運貨物或是搭乘。方才提到冬季季風強烈的因素，以致在強烈東北季風時，交通船基於安全考量偶而會停駛以策安全；另一方面，在望安、將軍與本島之間除了政府的交通船外，還有民間業者經營的客船提供不同時段需求的顧客，因為是民間經營，所以較不受天候因素拘泥，風浪強勁依舊會行駛，以方便需要通勤的民眾。每個月縣府的交通船都會從本島出發前往望安，再到七美，最後抵達高雄；回程則是高雄到七美，再到望安，最後回馬公，就是希望方便七美及望安的民眾取得來自高雄的貨物，加上這兩地的許多居民移居高雄或是親友在高雄，所以搭乘船隻是較便宜的通勤方式。在七美部分，七美位在澎湖最南端，以海域來說屬於外海，夏日西南風就可以讓海上浪花朵朵。到了東北季風盛行時，就會發生風浪過大以致交通船無法出海，民眾的通勤就只能仰賴空運。在冬季如果連續數日大風大浪以致交通船無法開航，不僅是民眾通勤不便，連島上的飲食都會出現問題，幸好有班機來往於馬公及七美之間，以彌補七美的不便。

以北海諸島為例，鳥嶼、吉貝都屬北海，因為離本島距離近，所以乘船時間短，冬季也較不受季風影響，來往通勤較為便利。

花嶼位處澎湖西方海域，與本島通勤時間約一小時多，因為地小人口稀少，所以是小型船隻作為交通船，一週只有三日有船班，本來就屬於交通不方便之處，到了冬季更是常常停駛，以致島上民眾有時都會自己開著漁船到本島。

至於澎湖本島與臺灣本島之間的海上運輸，在觀光季節相當發達，其中最重要的是往來馬公與高雄之間的臺華輪。臺華輪每日都

有船班，因為船隻大肩負起運送各項物資的大任，如果遇到颱風季節，臺華輪停駛數日，就會有民生物資需要補給的問題。其他的往來船隻，這幾年來以運送遊客為主；也因為有船隻疏運遊客，也讓澎湖的空中運輸不會那麼吃緊。

圖 5-2-1　南海交通船圖（辛柏緯攝）

圖 5-2-2　來往高澎的臺華輪圖（辛柏緯攝）

第三節　宗教與民俗活動

　　前面文獻部分談及澎湖的廟宇幾乎是一村一里都至少有一間以上的廟宇，部分村里更是不只一間。根據統計資料，澎湖縣的寺廟，倘若按面積與廟宇數之比率，可名列臺灣地區之首。其中馬公市有六十一座（含佛寺十六座），湖西鄉有三十六座（含佛寺十一），白沙鄉有十九座（含佛寺三），西嶼鄉十四座（含佛寺三），望安鄉十五座（為道教的），七美鄉有三座（含佛寺一）。（陳耀明，1995：34）傳統宗教深植民心，對於民眾來說，廟宇是一種村子裡安定的力量，也是彼此交流的好地方，更是維繫村子內情感的重要憑藉。

　　在澎湖主要的宗教信仰是傳統信仰，拜神禮佛是最普便的宗教活動。澎湖人的祖先大多來自泉州及漳州，以前先民的信仰方式自然影響後代子孫。澎湖居民的宗教，除外來宗教外，形式雖可分為道教、佛教，但是多數人不甚了解其教義，實質上乃信奉傳統的敬天思想、祖先崇拜、道教、佛教的神佛，以及接近原始宗教的地方性巫術與泛靈信仰混合而成的「民間信仰」，道、佛教混合的情形尤其明顯。（黃有興、甘村吉，2003：30）廟宇的慶典更是村子的大事情，也與他們的生活息息相關。例如以我的服務學校的村子為例，學校有一些小朋友是廟宇的福官（臺語），常常都要到廟宇「犒將（臺語）」，甚至有時候重要的慶典活動，還必須要請假共襄盛舉。這些孩子們對於擔任福官的工作也都相當認同，參與度極高，曾經有一位一年級的福官赤腳在社區行走進行慶典活動，縱使腳底十分疼痛，仍然繼續完成廟宇的使命。

在澎湖的鄉下路旁，都會看到一小間的建築物，放置在村落內。這些建築物安置在各村落的東、南、西、北、中央五方，以村廟為中心，稱為「五營」。(高怡萍，1998：51) 他們負責村落內各處的安全事宜，以風櫃社區為例，一進去村裡就有一營在村口，這在鄉間十分的普遍。

澎湖宗教界有幾件非常重要的活動，其中最重要的當屬「媽祖海上遶境」及「燒王船」。「媽祖海上遶境」與「大甲媽祖八天七夜遶境」不大相同：一方面是區域不同，澎湖的在海上遶境為主，陸上為輔，而大甲媽祖則是由臺中以陸路的方式遶境到嘉義；另一方面，大甲媽祖是每年的三四月進行，澎湖的媽祖海上遶境不是每年都有的活動，幾年才有一次。澎湖天后宮為開臺媽祖廟，歷史悠久且古老，澎湖傳統產業以漁業為主，靠天吃飯自然會將部分希望寄託神祇的力量。尤其媽祖的信仰對於漁民來說十分重要，所以澎湖天后宮的媽祖自 1986 年起出巡海域，以浩蕩的船隊遶巡各村港口，然後再回到陸上遶境。(黃丁盛，2004：186) 將各村落的港口繞巡一遍，保佑漁民可以安全出航，滿載而歸。

另一項重要大事就是「燒王船」。澎湖的王爺信仰十分普遍，許多地方村落都有王爺廟，澎湖的王爺信仰也是一種民眾寄託的憑藉。王爺對於漁民來說，重要性不亞於媽祖，可以看到許多漁村都有王爺廟。例如風櫃有溫王殿、金王殿、三官殿，都是以王爺信仰為主。澎湖的燒王船祭典與臺灣有些許不同之處：

> 當地以「送客王」為主，客王是代天巡狩的神祇，長期駐蹕一地後，需上天繳旨，而有燒王船送客王的儀式。(黃丁盛，2004：188)

由此可知，即便是臺澎都有王爺信仰，不同地域也是會發展出不同的宗教儀式。「王船祭典」前的醮期，在廟宇會有一連串的慶祝或法式。以最近的「燒王爺祭典」來說，澎湖的北甲北極殿王船祭典，在醮期活動除了大家可以預想的法會或是乩童之外，還包括在廟埕播放電影、請戲班演歌仔戲、辦里民歌唱活動等，或許這與我們的直覺思考差異頗大，但是也或許是讓傳統的宗教活動注入新的慶典元素。北甲北極殿整個醮期長達一個多月，其中還有兩日的本島祈福大遶境，隊伍不僅是北甲自己的神轎隊，還包括了各地一起共襄盛舉的宮廟神轎，隊伍綿延數百公尺，為近年來最重要的宗教活動，沿路上店家有的設案桌拜拜，有的則是虔誠膜拜，神轎隊伍也到各廟宇參拜及辭行。燒王船當日，眾家廟宇的神轎及相關人員先到北甲北極殿廟埕集結，進行一連串儀式後，燃放鞭炮，隊伍陸續前往燒王船處「火燒坪（重光里）」，當要請諸位王爺上船時，在場圍觀的群眾都要下跪恭迎，所有的儀式都結束後，就放火燒王船。聽長輩們說，燒王船不單只是王爺們升天繳旨，還將人世間一切的厄運、災禍都帶走。

澎湖的傳統信仰極深，對於神鬼的尊重可以從每年例行的儀式看出。每年的農曆七月對於許多臺灣人民來講，就會想到中元普渡。澎湖不只是這樣，中元普渡澎湖一樣會在門口設案拜拜，但是到了七月下旬就會開始陸續分區普渡祭拜好兄弟。我從小到大都知道自己家是何時門口普渡拜拜，因為長輩們說這是以前人留下來的日期。以前人將澎湖各地分成許多區，不同區在不同時間普渡。換個說法，就是相鄰的區域不會在同一天，是連續幾天都有普渡活動，這對於澎湖真的非常重要，每家每戶到了自己分配到的普渡日，無不準備豐盛的佳餚擺滿桌案，大魚大肉自然少不了，還包括

澎湖傳統美食黑糖糕，此外桌案旁還要放置裝水的臉盆及毛巾。祭拜時間是三炷香，當菜餚上的第一炷香燒盡就會再焚香插上第二炷香，三炷香燒完後，還要焚燒金紙等。最後可以用毛巾洗水擰乾用來擦拭手或是臉，當然桌上的美味佳餚就是各家各戶的晚餐了。每當到了農曆七月下旬的晚上出外走走，都可以看到許多家庭呼朋引伴的在門口大啖美食，就可以知道他們這一家今天門口大普渡。

　　澎湖近年來極力推動觀光產業，要吸引遊客自然美景是必要的，但是人文活動也是關鍵之一。這幾年來的五、六月都有辦理「澎湖海上花火節」活動。縣府為了增加花火的可看性，也讓花火節的活動更加豐富多元，就與宗教結合，舉辦「武轎遶境」。所謂的「武轎遶境」，就是指廟宇的神轎將以往傳統木製的神轎改為電子化神轎，有播放電子舞曲、雷射光、噴水、噴煙，甚至還曾噴火。許多廟宇都一起參與這項活動，整個馬公市區沿路都是觀賞的人潮，廟宇隊伍綿延數千公尺，氣笛聲、鞭炮聲、煙火此起彼落，五彩炫目的雷射光或是霓虹燈，讓澎湖夜間宛如不夜城，圍觀人潮也都虔誠膜拜。縣政府將宗教與觀光產業結合，締造的成果是讓大家都有目共睹的。

　　澎湖最重要的節慶活動是元宵節。元宵佳節在臺灣以花燈為主，臺灣燈節、臺北燈節都聞名中外。澎湖最重要的不是花燈活動，而是「乞龜」。有一句話說：「北天燈、南蜂炮、西乞龜、東寒單」，其中的西乞龜指的就是澎湖的乞龜文化。這項活動是廟宇主辦的，每間廟宇都會準備龜讓民眾乞回。想要乞龜的民眾就到廟裡的神明桌案前，先選擇自己想要的龜，然後口中念著明年心願要還多少。例如今年乞的龜是二兩重，口中的說詞就說加一兩，然後就擲筊，如果是聖筊就可以把龜帶走，只需要向廟方登記，明年確實歸還心

願就可以。這些年來,許多廟宇越來越重視元宵乞龜,乞求品的種類也越來越多元,金錢龜、黃金龜或是黃金飾品,前幾年也流行大米龜,這幾年來汽車、摩托車都是乞求的供品。每年我到了元宵節幾乎都會到廟裡乞個東西回家吃平安,可能是麵包龜或是傳統的麵龜,也可能是橘子。

這兩三年來,澎湖縣政府有意大力推動「乞龜活動」,所以舉辦乞龜節。由一間廟宇主辦縣內元宵活動,煙火、大米龜、花燈等讓民眾有吃有拿。對於外地人來說,這是相當新鮮的活動。許多廟宇有感於外地人參與乞龜不方便,因為明年歸還問題,以及怕有些民眾乞龜後明年未歸還,所以就有變通方式,先將乞品的價值算出,然後拿走東西前直接先還錢,以利廟方的運作,避免有虧損的情況。

圖 5-3-1　電子武轎遶境圖(作者攝)

圖 5-3-2　電子武轎遶境圖（作者攝）

圖 5-3-3　澎湖花火節圖（作者攝）

圖 5-3-4　七月下旬大普渡圖（作者攝）

圖 5-3-5　燒王船前大普渡圖（作者攝）

圖 5-3-6　2009 年乞龜節圖（作者攝）

圖 5-3-7　2009 乞龜節主米龜（作者攝）

圖 5-3-8　2009 萬龜祈福活動圖（作者攝）

圖 5-3-9　澎湖元宵節圖（作者攝）

圖 5-3-10　元宵節大金龜圖（作者攝）

圖 5-3-11　元宵節廟宇供桌圖（作者攝）

圖 5-3-12　廟宇乞龜圖（作者攝）

第六章

澎湖的風土人文在語文教學上的應用性

第一節　離島文化紮根保證

　　前幾章先將澎湖的風土人文作大略的說明，可以得知每個地方都有相當豐富的資源可以作為學習的教材。這樣的教材不限定於制式化的書面資料，而是包含了實地探訪、解說等。本章將探討「澎湖的風土人文在語文教學上的應用性」。在這邊將應用性分為四大項：第一，離島文化紮根保證；第二，培養鄉土情懷的依憑；第三，語文涵養深廣化的著力點；第四，發展離島觀光契機。

　　藉由這四節的內容來說明鄉土融入語文教育對於在地發展的優異處。本節將先對第一點「離島文化的紮根保證」作完整的說明：

　　鄉土文化在九年一貫課程中，已經採用融入式教學模式，在各領域融入鄉土教材，國語課文包含鄉土人物、鄉土地理、鄉土歷史、鄉土風俗、鄉土藝術等，在第二章已經說明了。這些內容是以大範圍的鄉土內涵進行編纂，是通俗性的鄉土訊息。其中語文的鄉土概念對於學童的學習而言，相當具有領悟力及多元性。以康軒版的第十一冊〈菊島巡禮〉一文為例，它不但介紹了澎湖多鄉鎮市的景觀，

還包括了硓𥑮石。這樣的教材到了教師的手中,就是相當好用的教材。將這語文的教材再融入更多課外的風土人文作為說明,讓學童在語文學習的過程,因為語文課程時間較多,不但可以增進語文能力,又可以認識在地化鄉土知識,對於學童了解在地文化有著相當大的助益。

在這邊我將離島定義為以一個區域為主體外的地方,而這個地方是四面環海。澎湖對於臺灣本島而言就是離島地區;而澎湖的望安島對於澎湖本島而言也是離島地區,這是主體的不同而有不同的說法,但是不變的是四面環海,孤立於海上。在倪進誠的書中提到有關「離島」與「島嶼」之間的概念:

> 島嶼在面對行政及輿論的向度時,常被視為「離島(remote islands)」,是一個相對於發展中心或行政中心的說法。「離」一字,具有隔離、遠離、離開之意,是較具負面意涵的字眼。因此,當「島嶼」等於「離島」時,這種自然的隔離感也就伴隨著政治、經濟、社會的隔離感,成了政治經濟的邊陲地區,甚至是「落後地區」的代稱。(倪進誠,2004:28)

在倪進誠的定義中,島嶼常被認為是「遠離行政中心的島嶼」,嚴重成為邊陲地區,也因此島嶼在文化上常常獨樹一格,特殊的島嶼文化必定要透過教育的力量維繫下去。澎湖群島與臺灣在地學名上都稱為「島嶼」,二者大小差異相當大,也因此臺灣島內的活動、文化、風俗就有相當大的差異。對於澎湖而言,面積狹小,村子與村子之間互動頻繁,先前曾經有過耆老提到:某些鄉下的村子與村子之間感情良好,彼此常常往來,也造就不少的神仙眷侶。整體來說,澎湖在自然方面是屬於廣泛性資產,所以全縣都有相同的認

知。在風俗人文方面，大致上差異不大，所以風土人文所形成的文化也大同小異。

　　先前曾經談到澎湖縣在地化的母語教材，就是結合語文與在地文化去編輯成內容，再讓學校的老師教學。例如澎湖縣自編的臺語課本有一課是元宵節，透過課文內容、圖片說明，倘若是再加上老師的補充講解，學童在與教師、同學一起分享自己的元宵節經驗，不但融合了語文中的閱讀，還包含了說話；如果老師還規畫了寫有關於元宵節的日記或是作文、心得等，就又融入寫作層面，這樣多管道的學習方式，讓學童的印象會更深刻，對於在地特殊的乞龜文化有更深的了解及印象。

　　其次，將風土人文融入語文教學，就會產生教材來源的問題，教材不必然要刻意購買或是額外編輯，以學校現有的教學教材為主體，進行更多管道的語文教學活動就可以了。以我服務的學校為例，本校曾使用過康軒版及南一版的國語課本，康軒版六年級上學期第八課〈菊島巡禮〉及南一版三年級下學期第十一課〈菊島之旅〉都以記敘文的方式呈現澎湖之美。現在針對文章的鄉土內涵作簡單的比較：

表 6-1-1 澎湖相關課文在康軒版及南一版的鄉土內涵比較表

項目	康軒版	南一版
交通（在此限指空中及海上）	□直接說明　■間接說明 □無提及 文中提到作者去吉貝、桶盤、望安、七美等離島遊玩。備註：只有提到這些地方的特色，以及所見的景象，卻沒提到這些地方屬於離島，需要乘船抵達。	■直接說明　□間接說明 □無提及 文中提到「馬公機場」、「我們坐船飛奔在『藍色公路』上」。

植物	■直接說明　□間接說明 □無提及 文中提到「四處散布著天人菊」。「就像是一座『菊花島』」。「澎湖現在又叫『菊島』」。	■直接說明　□間接說明 □無提及 文中提到「道路兩旁開滿了金黃色的天人菊」。「這是天人菊，它最能代表澎湖人刻苦的形象」。「難怪澎湖有『菊島』的美名」。
動物	■直接說明　□間接說明 □無提及 文中提到「在望安的沙灘……原來這裡是少數還有綠蠵龜上岸產卵的沙灘。」	■直接說明　□間接說明 □無提及 文中提到「成群的海鳥……表演吃魚的特技」。
氣候	■直接說明　□間接說明 □無提及 文中提到「澎湖的風大」。	■直接說明　□間接說明 □無提及 文中提到「……能抵抗冬天的強風和夏日的烈陽」。
土地	■直接說明　■間接說明 □無提及 文中提到「桶盤嶼上壯觀的玄武岩」。備註：屬於直接說明，但是不完整。「它的土地雖然乾旱貧瘠」。「弟弟卻發現了一個美麗的雙心石滬」。備註：提到石滬，可間接說明石滬在澎湖的特色性，卻沒有提到石滬組成的原料是澎湖的重要特色「玄武岩」。	■直接說明　□間接說明 □無提及 文中提到「大多是用硓𥑮石和玄武岩堆成的」。「又見柱狀的玄武岩排列在海面上」。
水文及海洋	□直接說明　■間接說明 □無提及 文中提到「夜以繼日的佇守在海邊，等待出海捕魚的丈夫歸來……誰知無情的大海」。「利用海洋、島嶼的地理環境，以及海中生物，所建構出來的文化，就像一顆顆智慧的結晶，在大海中散發出耀眼的光芒」。備註：間接說明了海洋在澎湖的發展上扮演的角色。	■直接說明　□間接說明 □無提及 文中提到「大多是硓𥑮石……它們來自海裡」。「船剛出海，只見潔淨的白色沙灘」。

風俗及宗教	■直接說明　□間接說明 □無提及 文中提到「住在這裡的人便找來硓𥑮石，堆成防風牆……除了可以為農作物遮風避雨，還可以用來蓋房子！這種以海中生物為建材的文化」。「它的土地雖然乾旱貧瘠」。「弟弟卻發現了一個美麗的雙心石滬」。	■直接說明　□間接說明 □無提及 文中提到「古老的房子和蜂窩似的矮牆……大多是用硓𥑮石和玄武岩堆成的」。
古蹟	■直接說明　■間接說明 □無提及 文中提到「我們拜訪了馬公本島最古老的天后宮」。備註：屬於直接說明。「住在這裡的人便找來硓𥑮石，堆成防風牆……除了可以為農作物遮風避雨，還可以用來蓋房子呢！這種以海中生物為建材的文化」。備註：這段話屬於間接相關，倘若是以二崁古宅為例，這段話就可以間接說明有提到古蹟。	□直接說明　■間接說明 □無提及 文中提到「古老的房子和蜂窩似的矮牆……大多是用硓𥑮石和玄武岩堆成的」。備註：倘若是以二崁古宅為例，這段話就可以間接說明有提到古蹟。
聚落	■直接說明　□間接說明 □無提及 文中提到「住在這裡的人便找來硓𥑮石，堆成防風牆……除了可以為農作物遮風避雨，還可以用來蓋房子呢！這種以海中生物為建材的文化」。	■直接說明　□間接說明 □無提及 文中提到「古老的房子和蜂窩似的矮牆……大多是用硓𥑮石和玄武岩堆成的」。
政治及經濟	□直接說明　■間接說明 □無提及 文中提到「馬公……吉貝……桶盤……望安……七美……」備註：六個鄉市就提到三個，可以由老師補充說明各鄉市名稱。「天后宮、桶盤的柱狀玄武岩、吉貝島上金黃色的沙灘、望安島的沙灘及綠蠵龜產卵、七美的望夫石及雙心石滬」。備註：這些屬於澎湖的觀光產業的一環。	□直接說明　■間接說明 □無提及 文中提到「我們坐船飛奔在『藍色公路』上，欣賞不一樣的澎湖風光」。「這些世界聞名的玄武岩景觀，都是大自然最有創意的作品呢！」備註：這些屬於澎湖的觀光產業的一環。
課本插圖	1.天人菊圖。2.防風牆（菜宅）。3.望夫石圖。4.雙心石滬圖。	1.天人菊圖。　2.古厝圖。3.柱狀玄武岩圖。4.乘船出海圖。

（資料來源：賴慶雄等，2004：52~55；張清榮等，2009：96-99）

　　上表是針對文章內容有無提及鄉土內涵羅列出相關內容，而這些內容就是要帶給學童知識、情意及技能的材料。以下針對上表作詳細的分析，以比較彼此內容及鄉土內涵的優點及可討論點或可增補處的說明表：

表 6-1-2　澎湖相關課文在康軒版及南一版的鄉土內涵優缺說明表

項目		康軒版	南一版
交通（在此限指空中及海上）	優點處		提到重要交通疏運方式：航空（飛機）、海運（乘船）
	討論處	沒提到乘船及搭機，沒說明到澎湖的兩種相較於臺灣本島較特殊的交通方式。	雖然提到兩項重要的交通方式，如果加上他們乘船是到其他島嶼遊玩，就會更臻完備。
植物	優點處	提到澎湖的縣花「天人菊」，還介紹澎湖的別稱，以及天人菊的特性及代表的特殊意涵。	提到澎湖的縣花「天人菊」，還介紹澎湖的別稱，以及天人菊的特性及代表的特殊意涵。
	討論處	倘若是再把沿路時常可見的仙人掌納入，就更能代表文中所提的澎湖精神。	倘若是再把沿路時常可見的仙人掌納入，就更能代表文中所提的澎湖人刻苦的形象。
動物	優點處	提到澎湖的特殊性動物「綠蠵龜」，還說明出沒地點，以及產卵資訊，達到宣導保育的效果。	文中提到成群的海鳥，先前第三章曾經提到澎湖是燕鷗的天堂。
	討論處	倘若是把澎湖的燕鷗也寫入，這樣會更具代表性。	倘若是把海鳥的名稱換成某種澎湖知名的燕鷗，那更具教學意義，倘若提及綠蠵龜會更完備。
氣候	優點處	說明澎湖風大，風大是澎湖的特點之一，風也造就澎湖的新興景點「中屯風車」。	提到冬天的強風及夏天的烈日。
	討論處	風大倘若是能更完整說明是冬天的東北季風，更可以凸顯風大的感覺，以及帶有氣候學概念。	風大倘若是能更完整說明是冬天的東北季風，更可以凸顯風大的感覺，以及帶有氣候學概念。

土地	優點處	提到澎湖的聞名中外的地質景觀「玄武岩」，還有間接說明玄武岩堆疊的「石滬」。	文中提到咾咕石及玄武岩的運用，還有提到整列的柱狀玄武岩在海面上。
	討論處	未將石滬的材料來源說明是「玄武岩」。	可以補充說明許多的島嶼的沿岸都是玄武岩柱，乘船從小島旁經過，一覽壯觀的美。
水文及海洋	優點處	文中有提到海洋、島嶼、海中生物所建構的文化，就是海洋文化，也就是澎湖的海島型文化。	提到咾咕石來自海裡，以及潔白的沙灘。
	討論處	倘若是再加入漁業在澎湖的重要性說明，或是海洋保育等，就會更臻完備。	倘若是能加上海洋文化的概念，以及海洋保育的觀念，就會更臻完備。
風俗及宗教	優點處	提到咾咕石所蓋成的房舍，以及石滬文化。還有說明咾咕石矮牆的作用。	提到玄武岩及咾咕石堆疊成矮牆及房舍。矮牆可以用來擋風。
	討論處	倘若是再說明石滬的堆疊原料，以及這兩樣天然材料在澎湖習俗上還有哪些應用性會更好。	玄武岩及咾咕石在澎湖風俗上還有其他用途，例如石滬等，倘若是再補充會更完備。
古蹟	優點處	提到一級古蹟「天后宮」，還有間接說明咾咕石的房舍是以前的先民智慧下的建築物。	間接說明咾咕石及玄武岩的居舍是以前的先民智慧下的建築物。
	討論處	天后宮不單是文中所提的馬公本島最古老，而且是全臺最古老，應該作更完整的說明。同時房舍的部分倘若是再加上澎湖經典的建築物「二崁陳家古厝」或是「二崁古厝群」、「中社古厝群」的部分，就會更完備了。	房舍的部分倘若是再加上澎湖經典的建築物「二崁陳家古厝」或是「二崁古厝群」、「中社古厝群」的部分，就會更完備了。
聚落	優點處	提到用咾咕石興建房舍。	文章中提到古老房舍取材來自玄武岩及咾咕石。
	討論處	舊型房舍就地取材不單只有咾咕石，還有玄武岩。同時房舍的部分倘若是再加上澎湖經典的建築物「二崁陳家古厝」或是「二崁古厝群」、「中社古厝群」的部分，就會更完備了。	房舍的部分倘若是再加上澎湖經典的建築物「二崁陳家古厝」或是「二崁古厝群」、「中社古厝群」的部分，就會更完備了。
政治及經濟	優點處	間接提到澎湖三鄉市的名稱，可以讓學童藉由此點延伸學習到澎湖六鄉市的名稱及分布位置。間接說明了澎湖的觀光產業其中部分奠基於自然資源。	間接說明澎湖的觀光產業。

	討論處	倘若是能完整提到澎湖的產業以發展觀光為主，更能讓澎湖行銷出去。	倘若是能完整提到澎湖的產業以發展觀光為主，更能讓澎湖行銷出去。
課本插圖	優點處	圖片都是真實影像的相片，對於閱讀者來說，更有真實感，對於該景物的認知也更深。	有天人菊的近照圖，可以知道天人菊的真實風貌。
	討論處	本課插圖有四張，這四張插圖之中的望夫石與其他三張比較下，較不具代表性，倘若是文圖相扣的原則下，不妨考慮使用天后宮、綠蠵龜產卵、桶盤柱狀玄武岩更具代表性。	本課插圖有三張，只有天人菊局部近照圖是真實圖像，其他都以水墨畫的形式呈現。如此，閱讀者無法看清楚該物、該景的真實風貌，連作者都不知道該古厝的建材為何。

　　從上表可以看出兩家版本各有其優點及可以增補之處。國語教材基於版面及學童年級的關係，實在無法達到完全符合最在地化學習內容，教師倘若是想讓學習延伸化，尤其讓學童（指澎湖的學童而言）更了解在地文化，就可以進行延伸教學，運用彈性課程或是結合綜合領域，運用閱讀、說話、寫作等策略，讓學童多元化學習。在課本的學習後，加上延伸性學習，學童在討論、表演、發表、研讀、撰寫的過程中，對於鄉土的概念及知識勢必會更深廣化。或許沒辦法全部轉化成自己的知識，但是一定會有相當的學習效果。經過幾次學習下來，學童能漸漸吸收老師給的知識、同學們的回饋，將自己的生活經驗更融入在地的文化，達到潛移默化的效果。我建議採用語文融入，考量點是學校的教學時間相當有限，倘若再使用額外教材融入鄉土概念，就會壓縮到原本課程的時間，學童又要再熟析新教材，所以才決定以現有的課文內容去延伸教學，將課文所提到的澎湖文化，以及教師延伸的在地文化，讓學童有效學習，達到深根澎湖文化的效果。

在這邊所說的文化，是指一個地方經過相當的時間，所形成的一種普遍性的概念、習俗，乃至於生活方式。其實學童們本來就是在這樣的文化背景下成長，許多的在地文化可能是一知半解，也可能身在其間卻不自知；透過教育的管道，讓他們了解或是更深入的探求，才能讓我們在地文化繼續保存下去。

第二節　培養鄉土情懷的依憑

教育基本法的第二條中寫到：

> 教育之目的以培養人民健全人格、民主素養、法治觀念、人文涵養、強健體魄及思考、判斷與創造能力，並促進其對基本人權之尊重、生態環境之保護及對不同國家、族群、性別、宗教、文化之了解與關懷，使其成為具有國家意識與國際視野之現代國民。為實現前項教育目的，國家、教育機構、教師、父母應負協助之責。（臺南縣教育局，1999）

在教育基本法中對於教育的目的有相當明確的說明。其中幾項在此特別提出來說明，包括「生態環境之保護」、「對不同國家、族群、性別、宗教、文化之了解與關懷」。

> 臺灣是個多元化社會，但教育工作應形塑孩子成為一個熱愛自己生長地方的人，對自己的家鄉能有一份認識與認同，融

合本土化與國際化的教育意圖，成為有臺灣本土色彩的世界公民。（余政賢，2004：23）

余政賢提到要認識家鄉與認同家鄉，這樣的工作應該要透過教育的力量來完成，教育的力量不單是落在學校及教師身上，社教機構、民間團體，乃至於風景名勝、古蹟文物都是教育的一環，最重要的就是家庭這個環節，而這些都包含在我們的鄉土之中。鄉土的元素以大範圍的分類可以區分為下列兩項：

自然類別：植物、動物、氣候、土地（地形、地質、土壤）、水文、海洋。

人文類別：古蹟、風俗、宗教、聚落（分布、地名）、經濟、交通、政治。

以下就上述類別作細部說明：

一、鄉土植物

植物是區域美化不可或缺的因素之一，特色植物更是將家鄉推向外地的重要推手。以澎湖為例，澎湖的蘆薈、風茹草、絲瓜、仙人掌等，都是近幾年來努力的重點方向。小時候，我都會與家人一起到鄉間的草叢間尋找風茹草的蹤跡，那個時候的我怎麼會去想到風茹草如此特別。現在家裡在經營餐廳，餐廳內提供風茹茶給顧客飲用，每次當顧客詢問這是什麼茶，香味十分特別時，我就可以將自己過往的經驗與他們分享。現在的澎湖名產店四處可見風茹茶，但是大多為種植非野生，加上許多人根本不知道風茹草的原貌，也就無從了解野外探詢的樂趣了。此外，澎湖的仙人掌是在惡劣氣候

下，上天賜與澎湖的禮物，帶給澎湖的商機無窮，也是代表著澎湖的新興產業。絲瓜部分，臺灣本島也有絲瓜，那澎湖的絲瓜特別之處究竟在哪，也應該要了解。最後，澎湖的天人菊是絕對不可不知的常識，澎湖的縣花更是應該透過教育的力量讓全部的學子都能知曉。

二、氣候

澎湖地區的氣候與臺灣本島不盡相同，尤其是在冬季最為顯著。冬季澎湖颳起強烈東北季風，季風中挾帶著鹽分，使得澎湖許多的金屬製品容易生鏽腐蝕；強烈季風捲起巨浪，讓冬天離島的交通船隻無法通航、漁船無法出海謀生，使得離島生活不便、漁民生計較為辛苦，進而演變出適應天氣的生活型態。

也因為氣候因素，讓澎湖的植物有著特殊的風貌。

三、土地

在這邊將地形、地質、土壤全內歸為土地。澎湖的地形是方山地形，地勢較低，使得冬季東北季風盛行時，沒有高山作為屏障；也因為方山地形，澎湖比較不容易積雲降雨。地質是以玄武岩為主，澎湖的玄武岩地形希望申請成為聯合國教科文組織的「地質公園」，這就是澎湖的特色。土壤較為乾旱貧瘠，以種植乾旱作物為主，例如地瓜、瓜果類、花生等。其中瓜果類中，澎湖有兩項非常特別的在地瓜果：一是嘉寶瓜；二是楊梅都是別地沒有的品種。也因為這樣的土質，所以它可以反映出早期澎湖人的生活飲食。

四、水文及海洋

　　澎湖缺乏天然長流河，只有在湖西地區，下大雨後才有小小的溪流，晴朗則是沒有任何的河川。這樣的天然水文使得澎湖早期的用水只能仰賴水井。水庫的興築完成後，也無法完全解決澎湖的用水問題，原因就在於降雨量少，加上日曬時間長，蒸發量大，根本不敷使用，又沒有河水可以補給入水庫，所以常常缺水。近十年來，為了解決用水問題，就興建海水淡化廠，隨著觀光業的盛行，海水淡化廠不斷擴廠，讓澎湖現在不再缺水。海洋是蘊孕澎湖生命的奠基，早期的產業倚賴海洋，觀光產業也倚賴海洋，連我們的生活用水都倚賴海洋，海洋對於澎湖的重要性，透過鄉土教育讓學童了解，才能真正從教育著手去保護海洋。

五、古蹟

　　古蹟代表是過去生活的縮影，也是一本活用的歷史寶典。澎湖開發數百年，最古老的古蹟也長達四百多年。其中廟宇是最重要的古蹟資產，在廟宇的歷史中可以了解過去的生活，例如天后宮帶給鄰近民眾的寄託、以前城隍廟對於官吏的重要性等。古蹟也可以反映過去的經濟活動，在在都是可以活用的教材。

六、風俗與宗教

　　風俗代表一個地方的生活習性，許多風俗往往與宗教相關，例如澎湖七月下旬的門口普渡是屬於風俗之一，而不是宗教活動；但是卻有部分屬於宗教儀式，這樣二者是不能完全畫分清楚的。澎湖的結婚風俗與臺灣本島就有些許的不同。在澎湖，男生結婚要送給親朋好友至少一盒「炸棗」，炸棗的口味又香又Q，口味相當獨特，這樣特殊的禮俗都應該要藉由教育永續下去。

七、聚落

　　聚落的演變、名稱的更改，乃至於聚落形成的原因，都會影響到後期的發展。像澎湖有兩個村落幾乎是同姓村落，湖西鄉的許家村，整村都是許姓人家（後來從外地搬去居住不予採計）；西嶼二崁村都是陳姓人家。不但如此，許多村子都有大姓，就是這個村子的某些姓氏特別龐大，宗族力量相當強，像西嶼外垵的許姓、呂姓；西嶼竹灣的陳姓；白沙通樑的鄭姓；湖西紅羅的洪姓；馬公風櫃的顏姓、陳姓、董姓；馬公鎖港的翁姓；馬公東衛的呂姓等。當然不僅於此，這邊僅列這幾個村落作為代表，例如許家的始祖就是從湖西東岸過去，這就是聚落的變遷，而這些村落的大姓所佔的人口依舊龐大，也就是表示村子宗親的力量強大，大家都依舊留在村子內發展。還包括地名的更改，這在第五章已經有完整說明，在這邊就不多加贅述。這裡的聚落，還包含著聚落的型態、房舍興築風格及材料等。

八、經濟

澎湖傳統經濟仰賴漁業為主，農業為輔。過去這十幾年，澎湖大力行銷天然資產，提升觀光產業。經濟產業是每個地區的發展重心，澎湖當然也不例外。

九、交通

澎湖位處海峽中線，孤立於臺灣海峽之上，交通的發展對澎湖來說是重要的施政方針。航空、船運是澎湖對外的聯繫管道；航空班次的多寡，不僅是牽涉到觀光產業，還包括居民的生活便利性。唯有了解澎湖的交通運輸情況，才能與外界連結。

十、政治

政治在此廣泛來說包含政治區域畫分、政治形態。以鄉土教學讓學童了解澎湖的行政區域畫分，包括一市五鄉有哪些？相對應的位置？以鄉土教育學童讓他們知道基本的政治形態，包括縣長是由何人擔任？我們的縣長是縣民用選票決定出來等。

近幾年來，本土化意識抬頭，鄉土的概念也越來越受到教育單位的重視。以下列舉出國內各專家學者對鄉土定義的彙整表：

表 6-2-1　國內各學者對鄉土定義的彙整表

研究者	年代	對鄉土的定義
石再添	1971	鄉土有兩種意義：其一是人們出生的故鄉或少年時代生活的地方，與客土相對；其二是指長期居住的地方，已對其有濃厚的感情，並受其影響。
夏黎明	1988	鄉土是具有高度普遍性的概念，鄉土經驗得自於空間上的接觸，其具體內涵會隨人而異。同時，必須透過主體的自我意識後，才能呈現自我的鄉土意識。
鄧天德	1993	鄉土乃是個人主觀的生活空間領域，在廣袤的地表中，個人終其一生只對某些地理空間產生聯結，這個特殊的地理空間就是他的鄉土。
黃玉冠	1994	鄉土包含地理空間、生活經驗與情感認同等層面。
鍾喜亭	1995	人類居住生活的本鄉本土，包括歷史文化、風俗習慣、自然環境及人們的一切生活。
喻麗華	1996	鄉土包含空間與時間、生活經驗與情感認同，所以除具有單純的自然區域外，並具有共同生活的體驗。
陳朝陽	1996	鄉土可說是人們出生成長的地方，或長期居住的地方，且人們對該地已有特別深厚的感情，即使以後不在居住在那兒，對該地方仍是心繫神往。
楊宜芬	1997	鄉土是指兒童成長、活動的地方，且兒童對該地方產生特別深厚的感情，並深受其影響。
吳明清	1998	鄉土是以自我為圓心，以感情為半徑，畫一片有家有生活的土地，生活中有人有事，土地上有景有物，交織成綿延不絕的歷史文化。
張桂芳	1998	每一人都有出生或久居的地方，這個個人所居住的地方，對其已有特別的感情且受其影響，即為鄉土。
林瑞榮	1998	鄉土是人們出生的故鄉或少年時代生活的地方；另一指長期居住的地方，並對該地方有特別深厚的感情且受其影響。
杜坰潾	1999	在廣袤的土地上，存在著一塊待有最濃厚的情感與認同感，且與自己生活息息相關的土地，即是自己的鄉土。
曾祥榕	2000	鄉土是指學童出生、成長的所在地，對該地方產生深厚的情感與認同感，並願為鄉土的一切付出與貢獻。
姚誠	2000	指有認同感的地方，就可以成為鄉土，它並不是客觀存在，而是人們賦予意義的結果，只有經過人們主觀意識轉化之後的生活空間才稱為「鄉土」。
秦有為	2001	每個人出生或長期居住的地方，對這個地方擁有特別的熟悉、情感與認同，且對其生命具有特殊的意義所在。
張致遠	2002	指人們出生、成長學習，或長期居住的地方，在此地生養棲息，有感官體驗和人密切的互動，並對該地方有深厚的感情，長大以後對該地很懷念，並且對該地有認同感和有參與改善意圖的地方。

（資料來源：吳麗櫻，2008：10～11；陳邦泓，2007：9）

綜合表 6-2-1 各學者的說法，簡單的將鄉土作定義：「鄉土是指人們出生或成長的地區，對於該地區有情感及認同感，進而受到該地區的影響。」人從小就在自己的鄉土成長，只是鄉土的深廣化不足，等到就學後，學校的教育就是讓鄉土深廣化的依憑，所以在學校這幾年開始推廣「在地化鄉土教學」。首先，彙整各學者對於鄉土教育的定義：

表 6-2-2　國內各學者對鄉土教育定義的彙整表

研究者	年代	對鄉土教育的定義
歐用生	1994	鄉土教育是學童對其生活和意義作價值澄清的過程，學童了解鄉土的現象，思考這些現象與本身的關係，澄清自己鄉土的獨特風格，認同、尊重和欣賞自己的鄉土，願將所學貢獻於鄉土，並以鄉土情操和鄉土技能為基礎，幫助學生認識地區和社會，以至於全國、全世界的環境和文化。
黃政傑	1994	鄉土教育是只提供學童認識生活鄉土環境的教育，內容著重「認知」：使學生認識了解所居住的地方環境；「情意」：則在培養學生關懷和欣賞自己的鄉土，建立共同意識與情感認同，以便互相聯繫；「技能」：則在增進學生批判思考，解決問題對立和參與建設的能力。
黃玉冠	1994	鄉土教育是指給予學生認識生活鄉土環境的教育。其內涵包括認知、情意與技能等三方面。
熊召弟	1995	學童可藉由接觸鄉土，對其生活和意義作價值澄清的過程，是兼具智性、情意的教育，疼惜土地，進而傳承先民遺留的文化，對鄉土關心、愛護與建設。
姚誠	1996	鄉土教育是一場「用心靈學習」的活動；愛鄉的觀念是從小體驗出來的。
徐雪霞	1996	鄉土教育可以教導學生了解個人的鄉土文化，激發熱愛鄉土的情操，涵養自尊自重的人格，更進一步培養了解、尊重和愛護他人鄉土的胸懷，並拓展世界觀和人類之愛。
喻麗華	1998	以人地關係的層面來說明，鄉土教育是學童實際參與及親近環境交互作用的過程，體認出親土性、認同性、知識性，包括知識、技能、態度、價值上與鄉土環境共存的關係。
陳玉玲	1998	鄉土教育的內涵包括認知、情意與技能三方面。不僅使學生了解本土的環境與文化，並且以此知識為基礎，幫助學生認識更廣更遠的其他地區，以致於全世界的環境與文化，培養出彼此尊重、相互學習、欣賞與協助的情義，成為一個具有世界觀的公民。

林瑞榮	1998	鄉土教育的內涵包括認知、技能和情意,是知性的教育,更是感性的教育、人格教育、生活教育、政治性教育和世界觀教育。鄉土教育在使學生認識自己生長或長期居住的鄉土,使其認同鄉土並加以改善。
鄧天德	2000	鄉土教育要教導鄉土的自然和人文要素,讓人們認識其鄉土環境,以作為培養鄉土感情的基礎及建設鄉土的基本知識,人們對鄉土有愛並具有責任感,鄉土概念才得以形成。
秦有為	2001	將「鄉土教育」解釋為在使學童能夠認識了解自己成長、居住的地方,使其認同鄉土並願意加以來改善鄉土環境,以達「認識、關懷、認同與尊重多元文化」鄉土教育的目標,讓學童感受到身為當地一份子為榮耀的地域認同感與歸屬感。

(資料來源:吳麗櫻,2008:16-17)

綜合各學者的說法,在此將鄉土教育定義為:「鄉土教育是要教導學童了解自己家鄉的自然和人文要素,培養尊重及包容多元文化,進而培養鄉土情誼及鄉土認同感,最後向外推廣自己的鄉土」。鄉土包含的區域依所在地區不同而有不同界定範圍,倘若是人在國外,鄉土就是自己的家鄉「臺灣」;倘若是在臺北,鄉土就是自己的家鄉。在這邊擷取的範圍是以臺灣為標準,所以設定為「澎湖」。

從專家的定義可以知道,像讓學童對於鄉土情懷深廣化,讓他們培養愛鄉、愛土地的情感,必須要經由教育的力量。本研究設定將澎湖在地的風土人文資料進行彙整後,以語文教學的方式將鄉土的知識、情感、技能傳授給孩子,孩子有基本的認知、情意、技能三方面的涵養後,長大後,可以透過自學的力量更深廣化自己的鄉土情懷。

教育的力量可以讓學童培養鄉土情懷,增進鄉土知識。而教育如前面所述,不是只有學校及教師,最重要的是家庭因素。在趙蓮英的研究中就有提及:

教師利用親職活動的機會，多鼓勵家長帶領學童參與社區所舉辦的假日活動，激發學童參與的意願及興趣，更了解當地風土民情，進而融入社區，並建立社區接納、關懷、尊重不同族群之態度，積極營造良好社區互動環境，且經由親子活動也建立正確教養觀念，善盡父母職責，共塑溫馨家庭氣氛，更積極產生愛鄉的情懷。（趙蓮英，2007：99）

在家庭的協助下，孩子不但能更積極的去探索鄉土，了解鄉土。親子互動的過程中，可以增進情感，也可以口傳的方式了解長輩們的鄉土經驗。以下將鄉土情懷深廣化以圖示呈現：

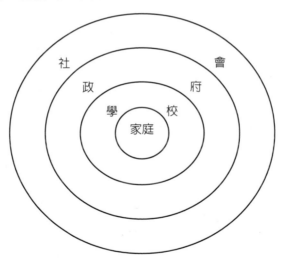

圖 6-2-1　鄉土教育同心圓概念圖

所謂「同心圓概念」，就是指這幾項都是推廣鄉土教育不可或缺的要素。人是從家庭出發，以家庭為圓心向外擴展，但是彼此有著不可分割的關係。學童從小在家裡，學習的對象就是長輩，長輩

的言行舉止，乃至生活、飲食習慣，都是在地文化的一部分。其實學童從小就在長輩的教導下，慢慢培養鄉土情懷，例如祭祀祖先、回鄉下老家探望等，當然還包括飲食文化。魚類可以說是澎湖家家戶戶每日不可缺少的菜餚之一，為何有這樣的文化現象，學童在成長過程中，就會慢慢知道因為澎湖四面靠海，魚貨相當新鮮，多食用魚類對身體好。以往流傳下來的飲食文化，這是不太需要學校教育就可以得知的。學童進入校園，有學校的學習、同儕的給予，再結合社會、政府的資訊，達到強化鄉土概念的目的。生活上長期在鄉土氣息的文化中活動，漸漸培養孩子的鄉土情懷。

以語文教育結合鄉土教育，讓孩子在上課的過程中，不是只有單方面的接受純知識。在這邊所謂的純知識，是指單一的鄉土地理訊息、鄉土歷史的講述等，而是透過語文領域中的說話教學、閱讀教學、寫作教學等方式，孩子藉由不同的學習方法更深廣化其鄉土概念，進而轉化成鄉土情懷。

余學敏曾發表過的一段話：

> 我們認為在鄉土教學上，應感性及理性兼顧，喚起學生對鄉土的情感固然重要，然而更需要透過理性的思辨，並能在此一立足點上，消除偏狹的地域觀念及隔閡，以尊重、欣賞的態度，與各族群的文化，建立和諧的關係，這才是推動鄉土教學的真正的意義及價值。（余學敏，2004：52）

我們在使學童透過教育培養其鄉土情懷的同時，也要引導學童去尊重他人的鄉土文化，而不是一味的以自我為中心的想法在看待事物。這樣的觀念灌輸，在現今的政局紛擾的時代尤其重要：包容文化多元性，尊重文化少數性，才可以更加融入未來的世界生活圈。

第三節　語文涵養深廣化的著力點

　　第一節談到語文教育與風土人文結合，讓學童在學習語文的同時給予鄉土的內涵，進而涵養其鄉土情懷。語文在國小階段是教學時數最多的領域，而它又包含本國語言（國語）、鄉土語言（閩南語、客家語、原住民語）及英語。九大領域中，語文學習領域佔領域學習節數之百分之二十至百分之三十。（國民教育社群網，2009）語文領域時數最多，學童接觸的機會也越高。對學童來說，語文是一切學習的根本，語文能力愈佳，其他學科的學習也會跟著表現優異。以數學來說，語文與數學看似沒有太大的直接相關，可是仔細想來，數學不只是單純的計算問題，閱讀數學題目是基本能力，也是一種語文與數學概念結合的最佳例證；唯有語文能力有一定的基礎，才能讓數學能力不僅限於計算層次，而是到達解讀數學情境題。方才會提到這樣的比喻，是要來說明語文對於學習的重要性。教師在教學的過程中，學童在學習討論的過程中，都是以語文為工具，接收訊息、表達想法。自然的每位教師都會著重在語文的深廣化，平時可能注意學童的用字遣詞有無錯誤，也可能提醒學童的表情達意，更可能提供更深層次的語法，訓練學童用完整的語句表達自己的想法，這些都是語文深廣化的奠基。

　　就學校的學習可以分為兩種：第一是課本的知識；第二是課本外的知識。課本的知識不外乎九大領域的課文內容，以及相關的補充概念。課本外的知識包含了生活常規、習俗、待人接物、品德、做事態度等，這些可能是教師的主動給予，也可能是一種模仿的過程。小學一年級的學生剛進入國小殿堂，許多生活中的事務都是倚

仗老師或是學長姐的同儕學習，包括在學校公開活動的發表會上，上臺應該如何開場，這都是廣泛的語文學習，教師會主動指導學童如何表達，但是不能忽略的是學童們模仿他人的表達方式，這樣的學習效度是強烈的。

　　既然這麼多面向都可以增進語文能力，那為何在此強調要將語文教學與風土人文結合，接下來用幾點進行說明：

一、取材多元化

　　鄉土的內涵相當的豐富，多元化的素材可以讓學童有著不一樣的學習。取材因為不限於文字書本，所以許多鄉土元素都是學習的教材，學童在透過不同的方式來學習，加深語文能力及鄉土情懷。舉例來說，以中央街為例，現在教師所要解說的部分可能就包含前述的幾項古蹟，甚至更豐富；可以提到乾益堂中藥行、四眼井、中央老街、天后宮、水仙宮，更可延伸至旁邊的順承門、馬公港等，還可以附帶一提天后宮旁的澎湖氣象站，這麼多元化的素材，包括古蹟、政府機構、交通、生活、宗教等，讓學童的學習內容多樣化，自然會提高學習興趣。有著這麼多樣化的素材，教師將語文領域融入教學的同時，為了讓學習可以更廣化，還可以融入藝術人文的鑑賞部分，因為鑑賞的評價或是討論也是屬於語文的一環，每個教學環節處處扣著語文，自然就讓語文深廣化。更完整的說明，教師這節課要融入寫作教學，教學內容是「寫出自己的感覺」，上述有關中央街的景觀及周邊延伸的景點，不一定每個地方對每個孩子都有感覺。就我來說，我最喜歡的就是順承門，讓我有想像空間，彷彿回到過去在城門上守衛防

止敵人來襲的感覺。這樣對學童來說,寫作不再是生冷無聊的教學活動;而且這些地方可能他們都曾經去過,或是常常前往,將生活經驗、教師講述、同儕討論,結合自己的感覺想法,對於寫作就不再那麼排斥,也達到語文深廣化的目的。

二、取材生活化

　　生活化的取材這邊界定為較廣義的在地化。舉例來說,現在討論「澎湖的港口」。港口在全臺灣四處都有,但港口也是生活中的一部分,對於學童來說,這也是他們的鄉土生活的一環。教師可以先與學童探討港口的定義是什麼?港口有些什麼?港口的作用是什麼?教師再提醒學童這些問題的回答必須要用完整的語句來表示,而不是簡單的字詞。如此一來,學童就必須以語文能力去思考「何謂港口」,可能說的不完整或是不夠具體,這時候同儕的修正,最後老師的歸納整理,在在都是語文教學的一環。港口對於澎湖的孩子來說,一點都不陌生,定義它對於孩子來說或許乍聽下有些困難,因為他們看見港口是相當稀鬆平常的事,根本沒想過到底什麼叫做「港口」。在回答過程中,港口的相關資訊是不困難的,只是希望他們將其整理完整,再討論回答。再舉例來說,以「交通」為教學的重點,每個地方對外連結,或是內部彼此溝通都少不了交通系統。對於澎湖這樣的群島縣來說,交通更是重要的議題,也是學童務必要學習的重要資訊。教師的教學活動可以用說話、閱讀、寫作的方式,將澎湖的鄉土人文中的交通內涵融入語文教材,使語文內涵更深廣化。教師可以先讓學童發表澎湖常用的交通工具,再討論各自使用的背景、經

驗、感覺等。再來教師可以發下「第一次搭飛機」（舊的國語教材中有類似的課文）的文章，讓學童靜靜閱讀。最後，可以加入寫作的元素，教師先解說此篇課文的寫作重點，讓學童了解相關的文章應該如何著手，經過全班性討論後，再讓學童寫「第一次搭飛機」或是「第一次搭船」的文章，一連串的活動下來，對於涵養學童的語文能力一定有相當大的助益。

三、取材趣味化

趣味化的學習活動可能是趣味化的教學，也可能是趣味化的素材，這邊定義為二者都是。前者是教師要將素材透過趣味的方式教學，讓學童輕鬆快樂的學習；後者是素材本身就相當有趣，學童甚至會自己主動學習。舉例來說，澎湖的觀音亭是宗教古蹟兼具遊樂園區，可以在此參拜觀世音菩薩外，還可以遊戲、打球、游泳、溜冰、風帆，更可以欣賞海景及聞名的「觀音夕照」。這樣的素材，如果直接去現場學習，學童自然會更快樂，但是這是很少有機會及時間的，但是仍然可以在學校學習。觀音亭對於澎湖的學童來說，一點都不陌生，更可以說是人人都有在觀音亭園區內留下探訪的足跡。教師以觀音亭為教學媒材融入語文教學中的說話、寫作等，對於學童來說是相當有趣的，接下來更完整的說明：教師可以先從說話教學著手，讓學童踴躍的發表自己的生活經驗，敘述他們心中的觀音亭，觀音亭可以做什麼？觀音亭有些什麼？經過熱烈討論後，可能會談到遊樂設施，可能會談到花火節，甚至會談到拜拜，聯想力更豐富的孩子還可能會與觀音亭旁的第一賓館或是相對公園作聯結。如此一來，更多的資訊及經

驗的融入，對於接下來進行的寫作教學，就有更多的素材可以加入，學童也不用苦惱於看題目不知從何下筆的窘境。以觀音亭為題材，透過說話教學及寫作教學，讓語文結合鄉土，達到語文涵養深廣化及鄉土情懷深根化。

四、取材情懷化

所謂的「取材情懷化」，是指教師所取材的來源與他們有相當的情感，或是希望藉由教學活動，培養他們的鄉土情懷。舉例說明：澎湖是海島型文化，是以海洋文化為根基發展。教師取材的對象可以用「海洋」，其實各地都有海，但是海洋對於各縣市不見得有同等的重要性，或是重要性對該縣市發展的影響深淺不一，不過從先前幾章探得，海洋是孕育澎湖的重要搖籃，以這樣的觀念進行教學。例如在南一及康軒版的國語課文中，都直接或間接的談到海洋，以此為出發點，作延伸教學活動。教師可以先設定教學方式，在這邊將設定為說話、閱讀。教學活動中，可以先讓學童發表自己對於海洋的想法、親身的經驗，也會有學童談到污染的問題。接下來，教師可以發下澎湖海洋保育相關的文章，或是海洋所面臨的問題，再讓學童靜心閱讀，然後一起討論發表。最後，還可以讓說話教學提升一個層次，讓各組分組討論出結論，每組派代表上臺發表各組結論，如此可以達到多元化語文涵養的效果，還可以訓練學童的臺風。經過發表、閱讀、討論、再發表後，讓學童更深入了解澎湖的海洋文化，乃至於澎湖海洋面臨的問題，加深學童對於海洋的愛，進而達到保育的觀念，培養關愛鄉土的情懷。

五、取材在地化

　　「取材在地化」在這邊定義為「澎湖特有的風土人文」。先前第三章到第五章有談到澎湖的特有聞名之處，舉例包括：綠蠵龜、仙人掌、天人菊、蘆薈、燕鷗、玄武岩、古蹟、硓𥑮石、地名與臺語的關連、宗教民俗等。這邊就以「綠蠵龜」為題進行教學活動說明。教師可以透過說話、閱讀的方式教學，先讓學童靜心閱讀有關綠蠵龜相關的文章，然後在一起全班討論發表所閱讀的內容，教師引導數個問題讓學童分組討論，再上臺發表小組想法。如此在地化的特殊性，在閱讀與討論的過程中深廣化，還可以藉此引導「保育」的概念，再從保育概念前進到「鄉土關懷」的層次。這樣不但可以深植學童的保育觀，還可以培養鄉土情懷，更可以達到語文涵養深廣化的效果。

六、取材社會化

　　社會現象或是議題也是屬於廣義的鄉土文化中的一環。其中先前第二節提到鄉土內涵中的政治就是包含其中。政治即便對孩子來說太過艱澀難懂，不過其實他們都是生活在政治之中，基本的概念一定要具備。在政治方面與他們最切身相關的就是縣市首長、議會議長，還有教育局長。這些官員也是全臺都有，所以在此說明。他們常常出現在孩子的面前，參與學校的活動，或是參與全縣性的活動，可是往往學童不知道他們為何是縣長或議長，這個時候就可以與他們在學校的民主活動作結合教學。坦白說，身為一個澎湖人，

如果連縣長的姓名都不知道，甚至連碰面都不認識，這樣似乎太置身於這個土地之外。在學校都有舉辦「全校模範兒童票選」、「班級幹部票選」等活動，就是要從小培養學童們的民主素養，將這些校內活動延伸，談到這些首長的選舉，也就是「地方自治」的概念，教師運用說話教學，讓學童暢談民主的優點與缺點，自己的親身感覺，如此不但是融入語文領域，深廣化了語文涵養，更將社會領域也一併融入教學活動中。再舉例來說，以「聚落」為題，教師可以透過說話、寫作的方式將語文及鄉土融合教學，甚至可以融入藝術與人文領域的繪畫，讓學童更多元的學習。以下就「鄉土內涵中的聚落融入語文教學」作完整的說明：教師先讓學童發表村落的組成有哪些要素？村落需要哪些基本設施？接下來進入寫作及繪畫教學。這個部分可以發下學習單，讓學童當村長，開始準備引導式寫作。第一部分讓學童寫出一個方法來決定村落的名稱；第二部分讓學童寫出這個村落要有哪些特色？以什麼產業為經濟主體；第三部分讓學童寫出他們身為村長要為村民做些什麼？最後，讓學童在藝術與人文課時，畫下自己社區的簡易規畫圖，不但將風土人文結合語文領域、藝術與人文領域，還包括了社會領域。透過系列的跨領域學習，培養孩子的鄉土情懷、民主素養、繪畫能力，還有語文涵養。

七、取材機動化

這邊定義的「機動化」，是指可以直接親臨現場進行學習活動。這樣的方式最適合的就是配合學校的戶外教學，如果更機動化就是指以鄰近步行可到的區域作教學規畫。以我服務的學校為例，我們學校步行約十幾分鐘，就可以看到玄武岩、仙人掌等，當然還有古

厝等。現在就以玄武岩為例，教師可以先實查，再透過說話、寫作的方式進行教學活動。教師引領學童到玄武岩的現場，先解說玄武岩的相關資訊；然後讓學童發表觀察玄武岩的想法，教師再補充更多資訊，學童再討論發表看法，形容他心中的玄武岩；最後學童再完成學習單。如果想再融入藝術與人文領域，還可以讓孩子在現場直接寫生，將眼見的玄武岩畫下來。再舉例說明，教師以「仙人掌」為題，帶領著學童前往布滿仙人掌的地區，先讓學童細細觀察，然後以說話、閱讀教學，再加上繪畫教學。教師可以先讓學童發表自己的觀察結果，經過討論後，讓學童閱讀有關於仙人掌的植物資訊，以及媒體報導有關於澎湖仙人掌用途的相關文章。經過閱讀後，再讓學童發表討論，最後仙人掌畫在紙上。這樣的教學方式，可以讓學童更具體的了解相關資訊。學童都很喜歡教室外的學習，透過這樣活潑式教學，讓學童更喜歡閱讀，進而達到語文涵養深廣化的效果。

　　語文深廣化的來源十分多元，各種學習都可以加強語文涵養，在此推廣運用「在地風土人文」融入語文領域，是希望在語文涵養深廣化的過程中，可以順便讓學童學習在地化的資訊。經過一系列的教學活動，以及生活經驗的聯結與喚起，慢慢培養學童相對於鄉土的認知、鄉土的關愛，最後到達鄉土的付出的層次。愛鄉、愛土的觀念不單只是針對我們生長的區域，影響所及還有整個周邊區域，甚至整個世界。舉例說明，剛剛提到以「澎湖海洋」為主題，教學活動後所學習的觀念「愛護海洋、保育海洋」是會延伸放大的。如果學童身體力行，這樣不只澎湖的海洋會越來越美，海洋生態會蓬勃發展，學童到了他處海洋一樣會愛惜。世界的海洋是一體的，

澎湖的海洋保育良好，也會讓世界的海洋減輕負擔，這樣的學習效果就不僅是語文的層面了，還包括更高層次的「環保、愛地球」。

> 教師積極參與課程研發和研習，將語文課程融入多元活動、主題活動設計等，吸引學生學習興趣，配合學生適性學習，發展出學校特色課程，學校溝通管道暢通，行政給予教師充分教學支援與協助。（楊美伶、蘇瑛晶，2005：72）

學童語文內涵深廣化不只是教師引導、學童吸收而已。教師要給予，就必須自我成長，教師的成長有賴於行政的協助，三方面一起著手，才能共創三贏。

第四節　發展離島觀光契機

澎湖近幾年來觀光產業蓬勃發展，每到觀光旺季總是遊客如織，商店敞開大門迎接顧客前往購物，餐廳準備豐盛佳餚提供遊客大啖美食。觀光已經成為澎湖產業的佼佼者。以往的澎湖以傳統產業為主，尤其是漁業聞名全臺，隨著漁業資源的逐漸枯竭，加上開拓澎湖的商機，就應該將傳統產業升級為觀光產業。漁業與觀光業彼此並行不悖，甚至現今的澎湖漁業也算是觀光業的一環了。

> 國內學者楊明賢針對觀光定義不同的表述，將觀光的定義歸納為以下三要素：

（一）觀光是人類的一種空間活動，離開自己定居地到另一
　　　地方作短期的停留，其目的可能包括觀賞自然或是人
　　　文風光、體驗異地風情，使得身心得以放鬆和紓解，
　　　這一點反應了觀光旅遊的異地性。

（二）觀光是人類的一項暫時性活動。人們前往目的地，並
　　　作短期的停留，通常是超過二十四小時。

（三）觀光是人們的旅行和暫時性居留，而引起的各種現象
　　　和關係的總合。不僅包括觀光客的各項活動，如旅
　　　行、遊覽、會議、購物、考察等，亦含括在此活動所
　　　涉及的一切現象和關係。（陳耀宗，2002：4）

　　我在此將學者楊明賢對於觀光的定義簡單化：人類離開生活空
間去他處作短暫停留，目的可以相當多元化，也可以讓人身心得以
舒暢和放鬆。隨著工商業競爭越趨激烈，許多人在忙碌於工作之
餘，期望的就是紓解身心，到外地度假去。既然是度假，就是遠離
自己周遭的生活環境。臺灣四處都可以是度假勝地，以臺北人為觀
點，臺中的梨山、南投的日月潭及廬山、宜蘭的太平山、花蓮的太
魯閣國家公園、臺東的蘭嶼和綠島、嘉義的阿里山、臺南的關仔嶺、
屏東的墾丁、高雄的寶來、澎湖、金門、馬祖等等都算是度假勝地，
那消費者要怎麼選擇去哪地度假？這個地方有什麼值得吸引人前
往度假消費？每個地方的優勢在哪裡？這都是值得探討的問題。以
澎湖為例，澎湖的優勢在於天然資產多元豐富，有世界聞名的玄武
岩、一望無際的藍天白雲、在地獨特的美食佳餚等，但是這些要如
何宣傳出去？要怎麼樣永續經營？要如何有二次消費？就需要全
體縣民一起努力。

　　現在是網路的時代，部落格、網路相簿幾乎是時下潮流所趨，澎湖的商店大家無不卯足了勁在服務顧客，就是這些獲得良好服務的顧客們，返回自己的家中或是工作崗位，在部落格分享心得時，能推銷自己的商店，這樣的宣傳手法是既經濟又便利。這是成年人的世界，那對於澎湖的莘莘學子而言？以下就兩個面向說明：

一、未來的人力需求

　　澎湖要發展觀光，一團團的遊客如水流般往澎湖報到，但是解說的人力應該先考量進入。發展觀光業就是希望讓在地子弟可以增加工作機會、店家可以賺取更多營利、居民的生活可以更舒適、各項建設可以更充實完備。倘若今天的澎湖觀光客源太多，澎湖在地導遊無暇兼顧，而是由臺灣導遊負責解說、領隊，這樣將侷限澎湖的經濟效益。再者，有許多風土人文在地人談起總是有在地人的精神及特殊的味道，這不是單靠書本的旅遊常識可以得到的，這就是鄉土情懷。在地人有著一份對鄉土的熱愛，在推銷解說時，會將最重要的部分或是精神表現出來，讓聽者真正感受到在地化情懷。撇開這樣的狀況不談，以生活中實際的狀況說明，現在的旅遊方式，除了團進團出的旅行團模式外，還有一種自助旅行「背包客」。倘若今天有背包客向在地人詢問相關資訊，而這位受問者鄉土情懷不足、在地化資訊不夠，這樣對於推銷澎湖是毫無好處的。從小透過教育的管道，去引導學童愛鄉愛土的情懷，去教導學童有關澎湖相關的基本知識。以語文教學的融入，讓學童更懂得如何表達，甚至在部落格寫作推薦澎湖的美，這些都是語文教育結合風土人文的優勢。

二、正確的態度養成

正確態度的養成有賴於家庭、學校、政府、社會等層面的彼此交互用所產生的效果，也就是「鄉土教學同心圓概念」。剛才提到愛鄉愛土的鄉土情懷是需要去引導的，這樣的引導其中一部分就是教育的力量。在教育中，我們藉由語文教學與鄉土教學結合的雙重效益，讓學童更容易融入鄉土情境，深廣化其鄉土情懷，也順便增進語文涵養。鄉土情懷只是正確態度的一部分，先前也談到保育、永續經營的重要性，這些都是必須深植在每一位縣民的心中，當每個人都有著正確的觀念，以著這樣的想法發展澎湖，澎湖的前景將更寬廣。

上述提到要有正確的概念發展澎湖，這樣的觀念也應該深植於遊客的心中。現在的社會愈來愈講究環保，政府極力提倡資源回收、尊重生態、愛惜環境的觀念，也讓這樣的旅遊方式孕育而生：

> 在這環境意識的普及、保護區管理觀念的重視以及消費市場的轉變下，一種有別於傳統大眾旅遊，將遊憩活動與生態保育、環境教育以及文化體驗結合的旅遊型態也在國內逐漸產生。（洪常明，2004：2）

由洪常明的研究得知，現在的新興旅遊越來越重視永續化（生態保育、環境教育）及文化體驗，其實這二者都是澎湖的優勢所在。澎湖的天然資源豐富，海洋生態多元化，自然的探索活動每每吸引著成千上萬的遊客前往，到海邊觀察潮間帶，參與野放魚苗，這樣的活動不但有特殊性，還充滿教育及生態意義。至於文化體驗也是

澎湖的行銷武器之一，澎湖最老的古蹟至少四百年歷史，到天后宮
欣賞雕樑畫棟之美；澎湖在地的許多活動也結合觀光產業，像風茹
季、花生季，還有乘牛車等，民眾可以自己到田裡採風茹草、落花
生，還可以乘著牛車在鄉間田野悠閒的漫遊，這些不同於城市的文
化，到了澎湖就可以親身體驗，這都是澎湖的優勢所在。文化要怎
麼保存下去，政府的介入是方式之一，教育也是管道之一，從小的
文化教育薰陶，不但可以讓這些文化流傳下去，還可以讓這些文化
推銷出去。

　　在王少麟的研究中，也提到海洋觀光五個供給面。就我解讀而
言，這五個彼此環環相扣，其中也談到「文化供給面」：

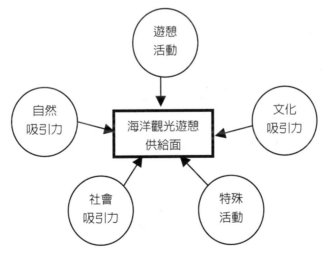

圖 6-4-1　海洋觀光供給面

（資料來源：王少麟，2006：7）

　　文化要能作為拓展觀光的利器，延續性及拓展性是少不了的方式。透過閱讀文化、親身體驗文化，進而到用口語表達，甚至將澎湖在地的文化透過筆墨流傳，或是藉由無遠弗屆的網路傳到世界各地。想要達成這些能力，口語表達、文字寫作都要訓練。此外，要接收來自網路的最新訊息，也都要具備基本的閱讀能力，這些種種都與語文教學脫離不了關係。透過語文教育結合鄉土教學，讓在地文化深廣化，也讓在地文化延伸化，讓澎湖更具有觀光價值。澎湖冬季及春季風勢強勁，一年約有半年左右的時間東北季風盛行，這樣的氣候常常使得觀光客望之卻步，也造成造訪澎湖的遊客都集中四到九月，遊客集中於這半年，讓澎湖的航空運輸業旺季滿載，甚至一位難求，到了淡季又只能減班，還往往搭載率偏低。天候的因素不僅是風的關係，許多遊客到澎湖第一聯想就是海洋、沙灘或是水上活動，冬季天冷，所以類似活動都無法進行。澎湖的大自然是最佳的觀光資產，可是要讓澎湖的觀光多元化，冬季力推「文化觀光」何嘗不是另一條可以推動的道路？就如同商累仁、林孟儀的說法：

> 文化觀光不僅提供另類的遊憩機會，它對觀光產業、當地社區也有良性的效應產生；文化觀光可以調節淡旺季間差異過大的市場；文化觀光可以增加對於當地文化、生活的接觸機會，加上特殊的文化活動，二者在吸引觀光客之餘，必然也對當地的經濟有所貢獻。（商累仁，2007：68）

> 迎接陸客團的同時，臺灣應該將眼光放得更長遠，思索如何讓陸客再回頭，甚至連歐美遊客，都想來臺灣體驗不同主題的深度文化之旅。（林孟儀，2008：265）

　　林孟儀的說法與商累仁的說法相似，都是強調「文化觀光」的重要性。對於許多外國遊客而言，臺灣的許多文化與他們相異性高，所以許多習俗文化都是獨特的。澎湖的在地文化更具特色，例如元宵節的乞龜、冬至的雞母狗、電子舞轎等，這些都是可以藉由「在地文化」去吸引外國遊客的最佳方式。

　　旅遊帶給地方的不僅有經濟效益，還包括環境問題。澎湖既然是以大自然為宣傳重點，讓我們的大自然永續發展就必須要重視教育宣導，透過正確觀念的宣導，達到永續發展。政府為了讓環境能永續經營下去，推動「生態旅遊」計畫。

　　基於對永續觀光和生態旅遊的重視，國內也配合將民國 91 年（2002 年）訂為臺灣生態旅遊年，並發表生態旅遊白皮書，推展各項業務。（洪常明，2004：2）至於「生態旅遊」的意義為何？以下擷取洪常明研究整理的生態旅遊定義表：

表 6-4-1　生態旅遊定義表

作者	年代	定義與內涵
Fennell	1999	著重於自然資源的體驗與學習，必須考量低衝擊、非消耗性的活動方式與當地環境與居民因素，並且需以保育及保護觀念使用資源。
朱芝緯、王鑫	2000	一種特殊的旅遊型態，一般選擇具有生態及文化特色的地方為對象，使遊客在旅遊過程中了解自然及文化的奧妙，進而提高遊客的環境倫理與愛護之心。此外，在從事旅遊活動的過程中，應以當地的自然生態與文化衝擊最小為原則，進而達到永續性旅遊的目標。
焦元輝、田家駒	2000	以自然為基礎，透過觀光規畫的方式，使遊客對當地資源抱持珍惜與關懷的態度，以達成永續發展，並回饋當地社區。
陳章波、譚志宜	2000	以自然原鄉環境為基礎，建立在保育、管理與教育上，並結合文化與產業，使地區得以永續發展的旅遊方式。
王鑫	2000	一種建基在自然、歷史及土著文化上的旅遊形式。生態旅遊者以欣賞、參與和培養敏感度來跟旅遊地區產生互動，扮演

		一個非消費者的角色，將自己融合在當地的自然環境中，並透過勞動或付費的方式對當地的保育和居民作出貢獻。
Weaver	2001	建立在以自然為基礎的吸引力上，並以學習為中心，運用各種可行的方案來達成環境、社會文化與經濟上的永續發展。
吳敏惠	2001	以自然資源為對象的觀光活動，強調資源保育及永續發展的觀念，遊客的參與動機為學習、教育及欣賞大自然，並以負責任的行為及對當地社區有貢獻的方式進行生態觀光活動。包含六個面向：以自然資源為基礎、資源保育、永續發展、特殊的遊客動機與目的、負責任的環境行為、對當地社區有所貢獻。
葉冠瑩	2001	一種以自然資源為基礎的觀光旅遊模式，重視資源的長期保育工作、當地社區的實質利益與傳統文化的傳承和維護，透過環境解說方式達到教育的目的並以永續經營與發展為最終目標。
吳忠宏	2001	一種在自然地區所進行的旅遊形式，目的在強調生態保育，並透過解說，引導遊客深入了解當地特殊的自然與人文資源，藉以產生負責任的環境行動，最後將經濟利益回饋造訪地，使保育工作得以延續，進而提升當地居民的生活福祉。
詹雅文	2001	在自然取向的旅遊型態中，遊客、經營者及學者和當地居民對自然資源的關懷為前提，以永續發展為目標，對遊客進行環境教育，尊重當地居民、文化及直接回饋於自然保育的經濟效益而進行的遊憩活動。
賴威任	2002	藉由環境教育的進行來指導與引導遊客欣賞及體驗自然人文景觀，避免對環境造成負面衝擊及為當地帶來經濟效益的觀光活動。
黃慧子	2002	以當地資源永續經營為中心，並兼顧環境教育功能與當地經濟體系，期望達到人與環境的和平相處。
林晏州	2002	生態旅遊是一種負責任的旅遊，強調人與環境間的倫理相處關係，透過解說教育，引導遊客主動學習，體驗生態之美，了解生態重要性，並以負責任的態度、行為與回饋行為來保護生態與文化資源，以達到兼顧旅遊、保育與地方發展的三贏局面。
吳運全	2002	以相對位受干擾的地區的自然環境、社會文化為對象的旅遊方式，在減少環境衝擊、協助保育生態等永續發展管理的前提下，遊客利用學習、鑑賞、研究、感受、欣賞和解說等方式，以負責任的方式參與旅遊活動以滿足其特殊目的，其過程中所產生的經濟行為必須對當地社區發展及保育工作有所貢獻。

交通部觀光局	2002	比較原始的旅遊地點,並能提供環境教育機會以增強環境認知進而促進保育生態的行動力,同時關懷當地社區並將旅遊行為可能產生的負面衝擊降至最低。
邱廷亮	2003	是一種在自然地區進行的旅遊形式,其目的在強調對旅遊地區自然與文化資源的保護,以結合當地居民參與的方式,期能將經濟利益回饋地方並能持續支持保育工作,透過解說方案引領遊客深入了解旅遊地區,提供遊客環境教育的體驗,使其能產生負責任的環境行動。
吳忠宏、洪常明	2004	一種在自然地區所進行的旅遊形式,透過解說方案引領遊客深入體驗及欣賞當地特殊的自然與人文資源,並提供遊客環境教育機會以增強環境認知,進而產生負責任的環境行動,最後將經濟利益回饋造訪地,使保育工作得以延續,並以永續經營與發展為最終目標。

(資料來源:洪常明,2004:10-13)

　　透過以上的整理,我們可以知道生態旅遊就是「在自然地區旅遊,透過解說了解體驗文化、欣賞自然與人文資產,並且提供環境教育認知,最後能回饋旅遊地,讓地區可以永續經營」。生態旅遊希望推動的就是讓我們的觀光資產可以永續利用下去,絕非我們現在將它利用完後,就報廢了。舉個例子說,澎湖的許多廟宇都是古蹟,其中以天后宮最為古老,天后宮既是古蹟又是宗教聖地,常常吸引眾多遊客前往欣賞、參拜。但是部分不具永續經營概念的遊客,他們部分不經意的行為往往造成古蹟的負荷,例如觸碰木製廊柱。還有海洋資源的過度捕撈,為了讓遊客都能吃到最新鮮的在地海產,倘若遊客眾多以致過度捕撈,將會造成海洋資源枯竭的速度加快。

　　當地居民、旅遊業者或甚至是地方政府,似乎都存著一種心態,亦即觀光客是他們脫離貧窮、增進財源的財神爺。而忽略對於生態旅遊毫無管制、過度開發所帶來的反效果,殊不

知自然生態資源有其稀少性，如果遭到破壞，將面臨無法回顧的窘境，而一但自然生態遊憩資源不在，生態旅遊亦將無法永續經營。（陳皇任，2006：79）

陳皇任的一番話說明著生態旅遊、永續經營的重要性。澎湖的發展不是只有這二十年，而是要長遠看待。為了我們下一代，我們應該慎重思考我們的觀光政策及民間作法。

澎湖近幾年有一項新興議題「博奕」。政府以立法通過「離島博奕除罪化」，這樣一來，只要是符合條件的離島地區都有資格申請執照。許多人認為離島發展博奕是推動經濟的不二法門，推動博奕可以讓離島地區真正脫離經濟上的弱勢。仔細想來，現在政府的配套措施完整了嗎？詳細規畫出來了嗎？一連串的疑惑讓人不解，澎湖縣政府卻已經想辦理公投探察民意。如果真的沒有完善的規畫就貿然推動，那後續帶來的問題要怎麼處理？

常常被大家忽略的是，真正成功的「觀光賭場」，絕對不只是依個單純的賭場旅館，而是包含主題公園、博物館、會議中心、表演劇院、健身美容、SPA、高爾夫球場、旅館的整體規畫，形成所謂的「度假式賭場」。（嚴長壽，2008：181）

嚴長壽的一席話道破許多的問題，「觀光賭場」是個複合式的度假式賭場，就像百貨公司就是應有盡有，絕對不會只販售衣物或是化妝品。這樣一來，如果真的澎湖通過博奕公投，也發下證照，標下證照的公司就要購買一塊腹地大的空地，才能容納這麼多元化的設施。還有博奕政策倘若真的在澎湖執行，會不會有負面影響？當一個地方有豐富的資源可以發展觀光時，何必去做對社會風氣有

負面影響的賭場？（嚴長壽，2008：184）我想嚴長壽的想法是「澎湖的天然資源豐沛、人文資產豐富，應該善加利用這些資產，透過政策、教育、社會等力量去發展推動，讓澎湖成為真正的生態旅遊區」。

澎湖近幾年來推動澎湖的玄武岩成為世界遺產，這就是澎湖推向世界的重要一步，我們應該將玄武岩文化加深加廣，讓全世界透過玄武岩、玄武岩文化認識澎湖，讓澎湖成為有自己特色的國際城市。

> 聯合國教科文組織世界遺產委員會審核委員史密斯等外籍專家，昨天到澎湖馬公島勘察玄武岩地景。史密斯說這是具有世界級水準的景觀，且加入海洋與人文特色，世界少見，澎湖縣政府應該擬定經營管理策略，並爭取聯合國列入世界遺產。（肇瑩如，2006）

> 日本橫濱市長中田宏認為：「橫濱要創造自己的光環，必須有不同的思維。文化政策，是橫濱的著立點。中田弘提出都市再生願景——『文化藝術創造都市：Creative City。Yokohama』」。（張漢宜，2008：110）

橫濱市長提的意見就是城市要具有自己的特色，才能走出去。將這句話套在澎湖，澎湖應該極力推動在地文化，讓澎湖的在地文化成為澎湖的推銷利器，讓全世界都了解澎湖的文化資產。倘若澎湖一直都沒有走出屬於自己的路，那在世界上永遠只知道臺灣、臺北，而不知道有一個美麗仙境「澎湖」。

綜合本節的說法，教育是推動觀光的管道之一，語文教育是教育的根本，將語文教育與風土人文結合，讓學童將在地文化深入腦海，鄉土情懷深植心中，進而成為推動澎湖觀光的推手。澎湖的自

然人文資源豐富，應該將觀光旅遊定位在生態旅遊，使澎湖的觀光
產業能永續經營下去。

　　從嚴長壽、中田宏到審核委員史密斯的說法，我們在推廣澎湖
的自然資源的同時，也應該視澎湖在地文化為推展觀光的優勢，應
該透過教育的力量，讓在地文化永續下去，才能讓澎湖的文化源源
不絕，讓澎湖的文化走入世界，再讓世界各地的遊客走入澎湖欣賞
自然美景，體驗在地文化，成為澎湖的「新」居民。

第七章

澎湖風土人文在語文教學應用的策略

第一節　閱讀教學的策略

　　本章節將探討澎湖風土人文在語文教學應用的策略，以四個章節進行說明，再與第八章相對應。基於現行語文領域中國語科時數少且不足的問題，倘若要將風土人文再納入教學活動中，更會壓縮到已經緊縮的課程，所以在教學活動上，以課本內容去延伸教學，用課文中的語法、觀念去延伸在教學使用上。以本校為例，在中年級階段配課如下：

表 7-1-1　澎湖縣風櫃國民小學中年級各領域節數一覽表

課程	本國語文	鄉土語文	英語	數學	社會	健康與體育	自然生活科技	綜合活動	藝術與人文	彈性課程				
										電腦	英語	本位鄉土	海洋美勞	閱讀
節數	5	1	1	3	3	3	3	3	3	1	1	1	1	1

　　本校從一到六年級都有規畫「閱讀課」在彈性課程中，這節的教學活動就正好可以運用閱讀課程的時間進行教學活動，只需要將

兩週的閱讀課運用調課的方式連在一起，方便教學活動的進行。如此一來，既可以達到課文延伸閱讀，也在不影響國語課時數的情況下，讓學童可以有更多的補充學習。

先前章節已經談到鄉土或是風土人文對於我們的重要性，既然教育是讓學童知道鄉土知識、培養鄉土情懷的不二法門，那麼透過語文教育中閱讀結合風土人文，更可以讓學童在閱讀中、討論中、聽講中，有著更多的收穫。

> 閱讀的最重要目的卻不在枝節，筆者以為讓學生喜歡閱讀、主動閱讀，才有可能使學生熟悉閱讀策略，掌握閱讀技巧，因此講究閱讀教學的活動設計以引發學生興趣有其必要性。（潘麗珠，2004：20）

在規畫教學活動，尤其是在閱讀課程。引發學童的學習興趣是首要之務，尤其現在從中央到第一線教學現場，大家無不卯足了勁的推廣閱讀，可是學童都建立了嗎？先建立起學童的主動閱讀、樂在閱讀的習慣，當學童已經有正確的閱讀習慣，也熱愛閱讀，他以後就會自己主動閱讀，從閱讀中學習新知。就像潘麗珠所提的概念，要讓孩子喜歡閱讀、主動閱讀，所以引發他們的興趣很重要。

教師希望讓孩子建立起閱讀習慣，就必須有相關的準備，首先自己要主動閱讀、積極規畫閱讀活動，將閱讀生活化、簡易化、多元化及深廣化。

一、閱讀生活化

　　閱讀的題材可以從他們生活周遭的開始著手，學童在閱讀過程中，可以連結自己的親身經驗，不但可以使學童更有動力閱讀，他們在發表時更能夠將經驗與閱讀內容結合，成為新的知識產物。閱讀的理解和孩子的生活經驗密切相關，唯有契合孩子生活經驗的讀物內容，才容易被孩子吸收和接納，進而建立在自己的知識庫中加以應用。（蔡玲等，2004：24）以我規畫的教學設計為例，我的閱讀題材選擇「澎湖的珊瑚礁」，設定教學對象是澎湖縣風櫃國小的學童，部分內容就是提到風櫃周邊的海域，還有硓𥑮石的作用。這對學童來說就是一種生活的連結，家裡還有硓𥑮石建築物的學童可以分享經驗，或是有摸過、看過的孩子可以說說他們的感覺。這些內容都是從他們生活中去提取，再結合文章內容，如此他們就不會覺得這篇文章生冷無趣了。加上他們也會去此海域遊玩，更可以讓他們了解海洋對於我們生活的重要性，進而去保育海洋資產、保護海洋生態。

二、閱讀簡易化

　　紙筆作業適可而止：過多的學習單及報告已耗盡學童閱讀的熱情。許多學生並非討厭閱讀，但討厭寫學習單或報告；不少學生甚至本末倒置，在書裡找出學習的提問據以回答，就算「完成閱讀」，失去閱讀的意義。建議教師以多元的方式評量學生的閱讀學習。（林玫伶，2008：29）

閱讀教學除了閱讀討論課程之外，延伸的學習活動也需要設計，研究者發現，學童有排斥學習單的心理，尤其是制式化的讀書心得報告，學童喜歡閱讀，但卻不願意寫讀書心得，為了兼顧閱讀興趣與語文能力的培養，延伸課程必須要設計得有趣，具有新奇及挑戰性。（呂玉如，2008：91-92）

閱讀是學校極力推動的學習活動，快樂閱讀也是訴求點之一。在林玫伶與呂玉如的研究中提到，學童討厭制式化的讀書報告，應該適可而止，也要讓課程設計有趣、新奇、富挑戰性，才能讓學童更有興趣閱讀。其實第一線教師常遇兩難情境：我們想讓學童快樂閱讀，所以都不要有任何紙筆成果，只需要快樂的閱讀即可？另一方面，學校需要成果時，學童沒有任何紙本作品適合嗎？學童都沒有在閱讀後寫學習單或是心得感想，會不會讓他們的能力提升不夠多？這是許多教師存在的疑惑。就我而言，我會採取穿插的方式，不要極端的拚命寫閱讀學習單或是心得，但是也不要只是學童開心閱讀。學童有時候是需要一些刺激或是強迫才有動力往前，有些學童天生惰性較高，倘若今天閱讀是純閱讀，只是口頭討論，有些學童就是隨意看，甚至不認真閱讀，而是在發呆或是玩耍。如果有學習單，這樣或許可以讓這類型的孩子振作認真。學童討厭寫制式化的報告或是學習單是可以理解的，因為真的乏味且難寫。倘若教師希望學童能撰寫學習單或心得，可以先透過引導、討論，讓學童先對學習單的內容有概念，反應力較差的學童，也可以透過引導、討論，得到更多的資訊，這樣對於他們回答有著相當大的助益，而且為了避免如林玫伶所說，學童在書裡找出學習的提問據以回答，就算「完成閱讀」討論、口頭發表就是可以讓學童思考、感受的最好

方式，教師也可以從過程中去觀察學童的學習態度、聆聽態度等。再者，如果今天沒有撰寫學習單，教師評量就可以透過口頭報告或是討論，優點是學童比較喜歡且參與度高；如果有寫學習單，教師一定在批閱完後可以張貼、公開表揚、直接唸讀心得等方式，鼓勵認真的學童，讓他們獲得正增強後，更有動力繼續努力。

　　這兩節閱讀教學設計，我也有規畫學習單，但是學習單的內容幾乎是上課教學、師生討論的內容，就是希望讓學童在教學後可以運用、鞏固知識，同時也養成學童常常寫作的感覺。

三、閱讀多元化

> 在「閱讀教學的選材依據」方面，這也可以放寬視野而有「制式化的選材依據」、「非制式化的選材依據」和「另類的選材依據」等幾種情況的考量設定……至於非制式化的選材，則可以不受部頒的課程綱要的限制，但它仍有符合典範或典律的約定要求。（周慶華，2007：53-55）

　　周慶華強調閱讀的取材不一定就是教育部審核通過的制式化課本，而是可以放寬限制，但是前提必須適合學童閱讀。書籍在圖書館以大範圍而言，分為十類，我們不應該去限制學童只能閱讀某一類的書籍。舉例而言，我們想加深學童的語文能力，絕對不能只是規定學童僅能閱讀分類號 800 的語文類，因為是要增加語文能力只能閱讀語文，學童要增加科學常識就僅能閱讀科學類別，這樣狹隘化的分隔會讓部分學童失去閱讀興趣。語文是一切學科的根本，倘若學童現在閱讀科學類恐龍的世界，書中的文字敘述也是語文學

習的一種，學童必須透過閱讀理解去了解恐龍的生態、習性等，以及絕種的原因，這是透過語文去學習科學；另一方面，也在了解科學知識的同時，加深學童的閱讀能力及識字量，彼此之間是相輔相成的。每個學童的性情不同，喜愛的事物也有所差異，語文、歷史、科學、藝術都有支持的學童，學童針對自己喜愛的方面大量閱讀，同時也要廣泛的閱讀其他類別，寬廣自己的認知層面。以我們學校三年級一位小倫學童為例，他最喜歡自然科學類的叢書，常常大量閱讀自然科學書籍，對於語文類的書籍（此處定義為短篇小說、繪本）也不排斥（教師指定閱讀也認真閱讀），所以在自然科學方面的常識相當豐富，還曾經表示長大後想成為科學家。他在班級中的語文能力不是最凸出的一位，可是 96 學年度（2007 年）下學期期末的一次中高年級閱讀測驗中，可以得知他這三年閱讀自然科學類圖書的成果。我們這次閱讀測驗的內容是關於太空人在外太空的相關資訊，他的試卷是由我批改。從回答的內容看出小倫同學相當認真的回答，再去詢問監考教師，他說小倫在測驗的過程中十分認真閱讀，事後他們班級導師也表示小倫平時很喜愛自然科學類，這篇文章與自然科學有關係，對他來說極具吸引力。再舉一個例子，在 96 學年度上學期期末的故事接寫測驗，這位小倫同學接寫的內容也是與外星人有關係，而且敘述生動有趣，讓師長們看了都稱讚他的創意無窮。

　　以上的敘述是要說明閱讀內容多元性可以增加學童閱讀興趣，這樣多元的閱讀內容也可套用入風土人文素材。風土人文的素材中包含圖書分類的每一項目，所以也可以說學童是在閱讀自然科學類、中國史地類等。將風土人文納入閱讀教材，可以讓閱讀素材更豐富、更多元化，提高學童的學習興趣。

四、閱讀深廣化

> 課外閱讀指導應與課內閱讀教學緊密結合。老師在選擇補充教材時，如能掌握孩子現階段的閱讀學習重點，與課文學習連結，比較能幫助學生產生自動化學習遷移的效果。（邢小萍，2008：34）

邢小萍這段話與我這兩節閱讀教學的設計想法大略相同。我規畫課外閱讀補充教材，就是以課本的內容為基礎，選擇相關的文章作補充教學，讓學童加深課文印象的同時，也可以具備更多知識。舉例說明，南一版第六冊第十一課〈菊島之旅〉中有提到「玄武岩是大自然最有創意的作品」、「矮牆大多是用硓𥑮石和玄武岩堆成的。它們來自海裡，是大海送給澎湖人最珍貴的禮物」。我就以這樣的觀點尋找補充教材，課本有提到硓𥑮石，於是我就找尋硓𥑮石相關的文章作補充，讓學童對於澎湖硓𥑮石有更深更廣的了解。教學不僅止於文章的書面用語傳達，還引領學童更深入了解閱讀完這篇〈澎湖的珊瑚礁〉應該懂得愛護大自然，保育我們的自然生態等觀念，這樣才能真正由書面內容→知識→觀念，最後學童才能將觀念轉化為實際行動。這樣的教學活動設計理念就是希望學童不僅只有學習知識，而是良好生態觀的養成。

這兩節的閱讀教學，我希望學童能讀懂文章的內容，能更簡單說明文章大意。

有良好的閱讀習慣，與老師同學分享閱讀內容及心得，更能從文章中提取深層概念，轉化為個人信念。

下圖是這兩節課教學流程概念圖：

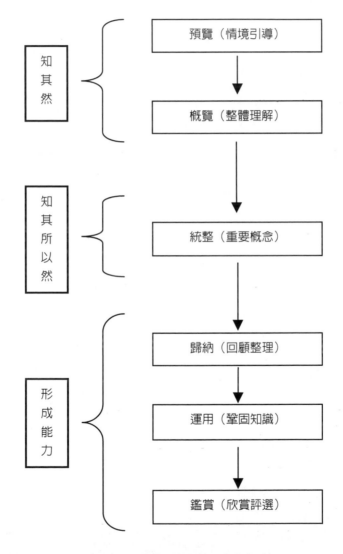

圖 7-1-1　閱讀教學流程圖（整理自馮永敏，2001：79）

第二節　說話教學的策略

　　澎湖風土人文結合語文教學，在本節提出第二個教學策略「說話」。說話是一種表達能力的訓練及培養，舉凡生活中一切的事務常常都需要藉由說話表情達意，溝通了解。以前舊課程中，就有獨立的說話課，希望藉由此課程訓練學童的表達能力。現今社會競爭激烈，應徵工作比起以往而言，更是考驗重重，即便是增加了寫、體能等，但是最基本的面試是不變的。面試的過程中，必須在規定時間內，完整且詳細的介紹自己的專長、性格，還要充分的說明自己的工作理念、抱負。如果這個應徵者，從小到大沒接受過相關訓練，或教師引導卻參與度不高，使得在獨立上臺表達能力不足（可能是態度扭捏、音量過小或是眼神未集中在主考官），即使他有著高學歷也不一定保證工作就會到手。

> 在教學過程提供更多的機會給學生練習，對於學生的表現，給予積極正面的肯定，並樂於接納學生不同的表達方式及創意，讓學生由說話教學中充分展現自信、樂觀、能言善道的多樣特質，從學習中培養自信心、獲得更多成就感。（鄧美君，2004：70）

　　鄧美君就提到，我們應該給孩子多一些機會去練習表現，從中給予正確的指導，尊重他們的創意，同時給予適時的正增強，讓學童更有自信心去發展，久而久之，學童會從表現中建立自信、成就感，對於許多事物也會比較勇於嘗試，去接受挑戰。對於許多學童來說，可以閱讀就不要寫作，可以說話就不要閱讀，說話是最基本，

也是學童最喜歡的教學活動（前提必須是活動多元化，而非制式化或極大壓力的說話教學活動）。我們教導學童，不僅是指導他們的課業而已，人格的形塑更是重要，從小就讓孩子有上臺表現的機會，他們習慣了在眾人面前呈現自己的能力之後，他們未來就會主動去爭取屬於自己的舞臺。

在學校語文能力表達的機會不是沒有，而是學童怎麼去把握？教師怎麼運用？學校行政如何規畫？現在分為三方面進行說明：

一、學童部分

國語課時會朗讀課文，倘若教師有指導朗讀技巧，學童有專心聆聽、確實練習，這樣就有說話教學的學習效果。倘若學童上課根本無心於教師的教學活動，那麼教師規畫再豐富有趣的活動，對於這類型的學童都是毫無意義。所以在學習過程中，學童應該是主動者，教師只是提供者，真正最需要努力的就是學童本身。

二、教師部分

教師準備各類型的說話教學活動，讓學童在不同方式下有不一樣的習得。學童的個性不一，不是每樣說話教學活動在起初階段，都能讓每位學童樂於參與。舉例而言，我的班級在 97 學年度（2008年）第一學期主動報名參加學校辦理的說故事比賽只有 7 位（我們班有 19 位），其他小朋友都望之卻步，他們覺得十分困難，索性就不參與；到了第二學期的「母語朗讀比賽」，主動報名人數高達 13人，只有少數學童沒有意願。就這兩項關於說話教學的比賽來說，

前者困難度較高，學童需要背誦故事內容，熟記肢體動作，臉部表情加上音調等，所需要的準備工作會讓大部分學童選擇當觀眾；後者比賽相較而言，比較簡單容易，所以就有非常多人願意主動。其實這與班級學童本身特性也有相關，我們班學童個性比較活潑，也十分愛說話，只要教師興起一個議題，小朋友都會熱烈發表，就像先前提到的，可以說就不要寫。所以要有不一樣的說話教學，讓學童有不一樣的體會。如果教師一直強調說故事，對於本身口語表達能力較低弱的孩子而言，他就是幾乎都沒有練習的機會了。此外，教師自己本身應該常常將說話教學融入到各科教學活動中，而不是單獨指導說話，這樣也可以讓不同專長領域的孩子有更多表達的機會。

三、行政部分

　　行政就是以整體學校為考量進行活動規畫，辦理各項語文活動競賽，在辦理的時候，以說話相關的語文競賽為例，如果每學期都舉辦說故事或是演講比賽，這些比賽對於能力較低的學童而言，比較沒機會參加，應該辦理各種不一的比賽。此外，在比賽時，在班級數較多的大型學校中，因為班級數過多，在辦理語文競賽時，可能有班級名額限制。這樣一來，就只有少數能力強的孩子可以參與全校競賽，這個時候班級導師就可以彈性運用。為了讓大家都有機會練習或是參賽權，不妨利用課餘時間辦理班級初賽，讓有意願的孩子都能有機會，說不定還會發現以前能力未被重視的學童呢！

　　將澎湖的風土人文結合語文教學中的說話策略，其實就是與其他領域結合說話教學沒有差異。現在提這樣的想法，只是提供另一項教學活動作為參考。這二者結合後，學童不但可以增進語文能

力、說話能力，還能認識古蹟，進而培養鄉土情感，愛惜我們的鄉土。這次說話教學的制式化教材仍以課本為主，非制式化教材則是由教師參照課外書籍自行編輯古蹟說明本，讓學童分組研究自己組別的古蹟，將說明本的內容熟記。學童可以將內容改編，或是直接取用，只要古蹟該說明的重點有提到即可。對於三年級學童而言，這樣的活動已經是需要相當的練習時間，可能表現不夠頂尖，但是應該給予鼓勵。俗語說「萬事起頭難」，學童剛開始解說古蹟難免生澀，但是如果我們只是想說他們會表現不夠頂尖，就不規畫相關活動，這樣他們永遠沒有第一次的練習機會。根據葉慈芬及梁仲容的說法，我們可以透過多元的方式讓學童訓練語言表達能力，可以是說故事、朗讀、角色模擬、報導等：

> 語言的表達能力，舉凡朗讀、說故事、演說和辯論等，更皆是可以透過訓練而加以補強的。利用這些特點，教師應將說話教學確實地落實於平日的國語科教學中，使學童日漸的學習中，慢慢改善其說話時聲音語調和腔調、面部表情和肢體動作的呈現……學童在說話方面的表現將更趨於自然、合宜，連帶於其他各方面的表達也將更好。（葉慈芬，2001：93）

> 聽與說的教學活動的方式：……（二）參觀報導，指導兒童透過觀察大自然、參觀遊覽、和文藝或體育等身臨其境的活動，去感受事物，引起說話的動機，再以新聞記者身份，報導所見所聞。（三）角色模擬，以戲劇的方式進行，指導兒童模擬練習各種角色的合宜的方化方式，以進行口語的交談，揣摩說者所要表達的意念，以增進聽力理解力……（梁仲容，1998：39）

　　這次的教學活動我規畫學童以「角色報導」或「光榮縣民」或「戲劇演出」作為呈現方式。這邊說明有關上述二項的呈現模式包含三樣：

一、角色報導

　　如同記者一般拿著麥克風站在景點前報導說明，每組不同古蹟報導，同一組可以不只一位記者。先前教育，除了課堂播放影片讓學童觀察記者報導、教師示範外，還要提醒學童回家可以在家長的陪伴下觀看較不具暴力的新聞，例如可以觀看某些標榜較溫和的新聞頻道。學童在觀察記者的同時，不是只為了上臺，而是欣賞人家的口語表達能力，就是一種學習模仿。

二、光榮縣民

　　我們都是澎湖縣民，這樣的模式就是如同有遊客詢問古蹟相關訊息，而學童是以一個澎湖民眾的身分提供資訊。教師在課堂上播放導遊解說的影片及親身示範，學童回家也可以與家人一起討論，不但可以培養他們的能力，還可以增進親子互動。

三、戲劇演出

　　學童可以將組員設定為某角色，然後在古蹟圖片前演戲，透過他們演戲的對話，將古蹟的重點說明出來。這樣的活動不但可以訓練學童的表達能力，他們在排演的過程中，還可以學習溝通、合作、

協調等。這些都是最直接的親身學習，效果遠比教師不斷提醒要合作溝通來得實際。

　　以上三種模式的進行，都是希望學童們在事先準備討論過程中，或是在上臺發表時，能夠藉由古蹟的說明內容，培養他們愛護古蹟的心；在聽講或是發表的學童，更能夠慢慢將愛護的心內化成自身的觀念，從小紮根愛護鄉土的觀念，長大就可能是保護古蹟的一份子。

圖 7-2-1　風土人文結合語文教學說話策略活動角色及縣民模式解說圖

（作者繪製）

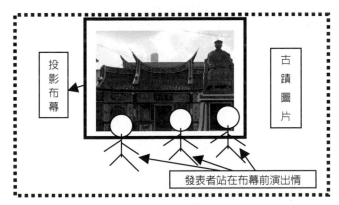

圖 7-2-2　風土人文結合語文教學說話策略戲劇表現模式解說圖

（作者繪製）

　　這次的說話教學會選擇以「古蹟」為選材，是著眼於課文（南一版國語課本第六冊第十一課）內容沒提古蹟部分。古蹟是澎湖的開發悠久的最佳寫照，所以規畫額外課程補充澎湖的國定古蹟結合說話教學，達到雙重學習的效果。如果今天我們在使用額外的課程進行古蹟的教學，這樣又壓縮到既定的課程，而這二節說話課規畫於「本位鄉土課」，這樣的教學內容正好符合課程精神。古蹟是鄉土的一部分，本來就可以運用本位鄉土課作古蹟教學，但是為了讓教學更具學習效果，結合學童所需要具備的能力，所以再結合說話教學。說話教學主要目的是要讓學童知道如何說話，怎麼說得好，這樣的訓練大部分是要藉由學童實際上的操作和演練，而且人人要有機會。（徐右任，2001：38）這樣的教學活動，學童是主動學習者，就像徐右任所說的「學童實際上的操作及演練」。

　　在學童上臺呈現前，教師的引導十分重要，教師必須先教導上臺注意事項，而不是讓學童直接上臺表現，以羅秋昭的說法為例：

　　　　說話教學時，要培養學童好的說話習慣，例如（一）先想後說：不但可以增加思維組織能力，增進說話能力，而且是對自己說話負責的方式；（二）聲音適中：說話的目的是要別人可以聽得清楚、聽得懂，如果對方聽不見，那麼說話就沒有意義了；（三）注意說話應有的禮貌：說話的禮貌就是要「眼睛看著對方」、「誠懇的說話」、「有時要傾聽」、「不要打斷對方的說話」等；（四）注意說話的語氣：所謂「語氣」是指句子中，表達思想感情的種種表情，表示語氣的方法常常是利用輕重音，或聲調高低和節奏的快慢。（羅秋昭，1998：34-35）

　　學童上臺就是一種機會，把握機會作上臺注意事項的教學更是重要。學童不是上臺說說話就是一種說話教學，學童說話的語氣、禮貌、聲音等都是需要練習的。再深入來說，既然教師規畫了特別的說話教學，就更應該讓學習多元深廣化，所以不僅要讓學童練習說話及其注意事項，教師更應該去指導學童聆聽的技巧、注意事項等，這才是最佳教學方式。學童在作說話教學活動，不但可以練習口語及肢體表達，還可以學習作為一個優秀的聆聽者。從小就讓學童學習聆聽，以後欣賞表演、演奏會等，都能作為優秀的欣賞者。

> 教師可以有計畫的設計單元活動，提升學生語文朗誦與說話能力、語文組織能力、想像與創意能力、觀察與描述能力、以及自信心的培養。讓學生在語文教學中，不斷融入聽、說、讀的趣味活動，增加學習動機與意願。（鄭玉疊，2003：71）

　　總而言之，教師對於語文教學的聽、說、讀、寫、作五能力，注重程度都應該一致，不可偏重某方面的能力，說話教學在訓練學童表達能力的同時，還可以培養學童的創意、觀察力、自信心。說話教學的加入，可以讓語文活動更多元化，讓學童在學習時，有更多新刺激，創新教學是學童提高學習動機的原動力。

第三節　寫作教學的策略

　　寫作是語文科教學的要素之一，寫作可以應用文字表達情感、思想及想像。當我們在閱讀他人的作品時，常常可以藉由作品對作

家人格特質有初淺的認知。我們可以說寫作是「寫的語言」，說話是「說的語言」，二者都可以表達一個人的想法，只是呈現的方式不同。

　　近年來，許多教育工作者推廣「讀寫結合」，「閱讀」和「寫作」是一體兩面的，長期養成閱讀的習慣，對於語句的呈現、詞語的選用都比起不閱讀者還要精練。前幾年主要推廣的是閱讀，希望讓學童養成閱讀的習慣，活動內容也不斷推陳出新，有的學校推廣「晨光閱讀」，有的學校推廣「課間閱讀」，有的學校推廣「親子共讀」，還有的學校推廣到圖書館閱讀，在在努力都是希望提升閱讀能力。寫作方面，教育主管機關有發下公文，規定各校每學期的作文篇數，大概平均都是四至六篇不等，各校可以自行斟酌。現在國語課時數不足，以往舊課程每週國語相關時數達十節，十節中包含二節的作文教學，反觀現在的九年一貫課程，語文科教學時數約五、六節，還包括鄉土語文等。在時數不足下，倘若學校又辦理眾多活動，更壓縮到教學時間，作文就常常成為回家親子的功課了。如果家長有陪同指導是很好的方式，就只怕學童的作文常常淪為家長的功課，也怕學童在沒人引導的情況下，不知從何下筆，最糟糕的就是抄襲範本或網路文章。所以這幾年來，常常看到學者大聲疾呼要重視語文教育，學童的寫作能力愈來愈差，寫作能力的衰退程度可以從大學入學測驗就可以得知。在加拿大有進行閱讀及寫作的測驗，結果如下：

　　加拿大新布倫斯瑞克省 2007 年舉辦四年級小學生讀寫能力測驗，結果七成學生閱讀達到全省標準，寫作能力達到標準

的只有 37%。同時參加測驗的近千名七年級學生寫作部分合格也只有 41%。（何琦瑜、吳毓珍主編，2008：15-16）

加拿大閱讀推廣相當成功，七成的學童達到標準，反觀寫作能力卻不到四成的學童，到了七年級也僅四成左右。由此可知，學童的寫作能力下降，教育主管機關及第一線教育現場在推廣閱讀的同時，也應該一併推動寫作教學，也就是「讀寫結合」，偏於一隅對學童的學習成效都是打折的。

美國教育部教育統計中心的報告指出，有效的寫作技巧在人生中的每個階段都很重要，從早期的教育到未來的就業，不論是在學校或企業，學生都要能以清晰、簡潔的方式，傳達複雜的概念與資訊。因此，良好的寫作技巧能協助學生傳達觀念、分析資訊，並鼓舞他人，而缺乏足夠的寫作能力，則會影響從學業到未來事業的發展。（何琦瑜、吳毓珍主編，2008：84-85）

從美國的教育部統計報告顯示，寫作不是只為了學校的課業或分數，它最主要影響著一個人的未來發展。前面談到說話能力關係著一個人的未來，寫作也是。這也就是剛才所提到的寫作與說話都是語言表達的一種，只是方式不同。在許多競賽場合，礙於時間或人數，有時候為了解一個人，常常透過寫作的方式；除此之外，學童長大應徵工作，勢必要敘寫自己的學經歷，以及自我簡介，倘若他的寫作能力差，就會影響到未來的發展。綜合加拿大及美國的報告顯示，提升寫作能力是必要的，這也是我在本章中規畫寫作活動的原因之一。

　　學童在寫作時，常常提出類似問題：「老師，我不知道要寫什麼？」「老師，我還可以寫什麼？」這樣的狀況可能有兩大因素：一是教師命題不佳，與學童關聯性不高，倘若教師未多加引導，學童就會發生這樣的狀況；二是學童缺乏閱讀，或是生活經驗少，也可能是根本不願意思考，只希望教師給予方向或是寫些什麼，教師所扮演的角色非常重要。

　　學童對於一篇從未寫過的文章，或是少接觸的文章類型，都會有疑惑，這時候教師的角色格外重要。引導不是要教師去告訴學童寫什麼，而是去指導學童如何蒐集寫作內容，串起題意與學童的生活經驗，也告訴學童寫作不單只是眼睛看，可以用更多角度去觀察，再來從事寫作。就像張嘉真所說的：

> 引導是為達成教學目標，所施於的一種策略和手段，它是為引出學童的內在思想與生活經驗，而提供的教育或情境，是為兒童已被引出的話題或動機，作思考層次的組織，以導入有主題的表達領域。教者得在事前清楚說明操作步驟，至於學習應視學童為其學習的主人，可依個人的思想、風格表現不同的創意，這就是引導的態度。（張嘉真，1997：31-32）

> 根據綜合分析顯示：（一）寫作學習單有助蒐集寫作材料，學童覺得學習單的事先觀察與記錄，提供寫作時寫作材料的蒐集，有很大的助益。（二）寫作題材符合學生的生活經驗，與學生的生活經驗相結合，使學生易於發揮，寫出來的文章內容亦格外生動有趣。（三）作品反應上課討論的內容，呈現豐富的感官經驗，從他們的發言及作品中均可看到豐富的感官經驗。（鐘玄惠，2002：109-110）

> 作文寫作是綜合思維的過程，作文的能力並非僅僅是文字的
> 功夫，要注意內容、注重感受、注重技巧在全面能力的基礎
> 上去幫助孩子寫！儘管我們稱之為「寫」作文，但真正寫的
> 過程並非簡簡單單的一個字──「寫」，它所包含的是小學
> 生觀察力、理解力、想像力、創造力和語言表達能力的一種
> 綜合、複雜的智力活動。（吳忠魁等，2000：152）

綜合上述說法，學童寫作必須先有蒐集寫作材料，配合上生活經驗，再加上自己的感官體察，將這些都組織起來，最後運用觀察力、理解力、想像力、創造及語言表達能力，完成寫作。當中鐘玄惠的說法，與我規畫的寫作教學活動立意相同：

一、蒐集寫作材料

我設計讓學童先看短片，再看圖片一起討論。討論的內容從詞語→語句→小短文。這三步驟都是全班一起共作的，透過共作，可以讓本身能力較低落的學童可以有學習的管道，他往後的寫作就可以仿寫，不至於無從下筆。再來，實際寫作時，學習單也是一步一步引導，從語詞開始到小短文，循序漸進完成寫作學習單。全班共作小短文的進行方式，是教師給予一張主題圖片及看一段主題小短片，讓學童可以先看小短片了解動態情況，再以圖片寫作。

教師讓學童自行發表，全班一起輪流舉手發言，用接寫的方式完成小短文。當然，教師在過程中扮演的是管理者，管理秩序及整理學童的表達內容，再將整理的語句寫在黑板上。這樣的教學方式，我曾經使用在班級共作「童話故事」上，小朋友參與度相當高，

甚至要求放學後留校將黑板上的文章抄寫下來，畢竟這是他們班級的心血，是一種回憶。這樣的方式就是與高敬堯所提的共作法類似：

> 寫作教學模式：共作法，老師與學生針對題目共同討論與分享經驗或一同收集資料，老師可將學生的意見寫下來，並連貫成文章，然後由學生謄錄下來，寫成一篇文章，亦可由學生分組討論，自行寫下意見，經由教師的協助串聯成文，然後再予以謄錄下來。（高敬堯，2006：24）

二、寫作題材符合學生的生活經驗

　　題材符合學童的生活經驗，這樣對學童來說，他的取材就比較容易。寫作題材會隨著年齡增長而逐漸向外擴充，可能超乎學童的生活經驗，這也就是學童應該多閱讀的原因之一。他們可以多閱讀書籍、雜誌或是報紙，增加見識領域，才有能力去完成寫作。因為我們設定的教學對象為三年級，為了讓他們在起步接觸作文階段不至於對作文產生畏懼或是排斥，所以先以生活經驗為主進行作文教學。在九年一貫國語文領域就有提到生活經驗相關的寫作能力指標，包括：

1. F1-4-6-2 能寫出自己身邊或與鄉土有關的人、事、物（國民教育社群網，2009）：這是以學童的生活經驗為出發點完成寫作，本教學活動的寫作主題就是與鄉土有關係，以家鄉的活動讓學童寫作。家鄉的活動與學童的連結性較高，且學童在四幅主題中，至少有兩幅以上（至少有元宵乞龜、海灘活

　　動、電子武轎）的相關生活經驗，將生活經驗結合寫作，提
　　供較多的素材，學童也比較有豐富的想法或是創意。

2. F 1-4-10-3 能應用文字來表達自己對日常生活的想法（國民
　　教育社群網，2009）：學童在活動的寫作方面，可以應用文
　　字來說明他曾參與的鄉土活動經驗。倘若學童選擇未參與過
　　的主題，那麼學童就可以藉由短片及圖片訊息來構思文章內
　　容，運用想像力來創造自己的主題內容。

三、作品反應上課討論的內容及學童感官經驗

　　教學活動就是教師先引導鋪陳，然後將教學活動作清楚的說明。
學童在一起討論課程內容，討論的內容會轉化為學童的能力，而這些
能力就會是寫作的素材；另一方面，學童可以透過感官經驗來說明想
法。以我們設定的鄉土主題活動，學童要撰寫內容，倘若學童選擇的
主題曾經參與過，那他可用感官經驗說明。以「武轎遶境」為例，學
校社區內的廟宇就有電子武轎，甚至許多學童都曾一起陪同遶境，他
們就可以寫出遶境時武轎的聲光效果、周邊圍觀的人及抬轎者情緒如
何等等，這些不但是他們的生活經驗，更是透過感官寫出來更生動的
語句。這也就是與高敬堯的感官寫作法精神相似：

> 感官寫作法：生活、環境、知識的素材要轉變成寫作的材料，
> 感官寫作就是將感官上所得到的感覺，轉化成經驗的一部
> 分，以此寫出有內容、有條理的文章。（高敬堯，2006：24）

　　澎湖的風土人文結合語文教學的寫作方式，我以看圖寫作為教
學模式。教師先以一張圖片及一部短片（雙心石滬）為教學範例，

引導學童觀察圖片訊息、影片內容。用語詞簡單的形容雙心石滬，再將語詞擴寫為語句，用來說明雙心石滬的樣貌或是雙心石滬背後的產業活動，透過班級討論可以讓學童更清楚如何描述。這樣的教學方式，從語詞擴寫到語句，也符合國語文寫作能力指標中的 F 1-2-1-1 能運用學過的字詞，造出通順的句子。（國民教育社群網，2009）最後，再全班一起共同創作「雙心石滬」小短文，讓寫作能力較差的學童有寫作模式可以參照，對於接下來的自我寫作就會比較容易動筆寫作。在引導學童班級共作小短文的同時，加入標點符號的教學是十分必要的，先讓學童表達他們的使用方式，倘若有誤，教師應該立刻澄清說明，這對於他們自己寫作時的標點符號運用有著相當大的助益。這樣能力的具備，也標明在國語文寫作能力指標中的 F 1-7-1-1 能認識並練習使用標點符號。

　　我會以圖像作為媒材，是讓學童透過圖像勾起生活經驗，可能武轎遶境這樣的名詞，教師說出口還要再解釋，畢竟他們可能只是看過，或是家長用閩南語告訴他們，所以還要花時間說明，倒不如直接用短片和圖像勾起回憶更好。另外一方面，可能有學童想用創意或是想像的方式完成寫作，他不願意寫曾經參與過的活動主題，而是想挑戰未曾有過的經驗，那麼圖片及短片至少可提供一些簡單的寫作方向。而我這樣的圖片就是高敬堯的「單幅單景圖」的看圖寫作，而短片也就是連續圖片的結合，也符合高敬堯所謂的「多幅連環圖」的概念：

　　　　看圖說作法，是「看圖說話」與「看圖寫作」合稱的教學法，是說話與寫作的聯絡教學。教師可選用多幅連環圖、少幅連環圖、單幅多景圖、單幅單景圖，來讓兒童進行觀察，先用

口述表達內容，再將其用文字表達出來，可培養兒童觀察、想像、依序陳述等能力，裨益於提高學童的寫作興趣。（高敬堯，2006：24）

在規畫的教學過程中，學童有觀察後發言，有想像後發言，讓他們先透過口語，再轉化為文字，不但可以訓練表達能力，還增加了寫作能力。所謂的看圖作文的定義，整理學者的說法如下：

表 7-3-1　學者對圖畫作文定義表（整理自曾瑞雲，2003：26~27）

學者	年代	看圖作文的定義
曾信雄	1983	看圖作文，就是由教師揭示圖畫，指導兒童觀察，先了解題意，再用文字寫下來。
杜淑貞	1986	所謂看圖作文，是由教師在上課前，根據課文選定或繪製一套有主題、有情節、有人物、有意義的圖畫。上課時，先把圖畫揭示板上輔導兒童觀察圖畫、自由口述，進而將圖意用文字筆述出來。
曾坤陽	1988	看圖作文是根據作文命題的範圍，畫出數幅環性的圖畫，把主題表達出來。圖畫內容有主人翁，有情節演變和發展的事實，容易誘導兒童的思路，激發兒童的想像，使其能從互相關聯的畫面中，把握住完整的故事或生動事態的要點，加以敘述，寫成一篇完整的文章。
陳弘昌	1993	看圖作文就是配合單元教材內容的圖片四張，每張圖片具有關聯性，且圖片須主題明顯，陪襯物模糊，利用這種圖片提供寫作的題材，引導兒童寫作。
李漢偉	1995	看圖作文就是利用圖畫來引起兒童發表的興趣，並啟發和引導其把握圖意，配合文字的流利表達，予以編織成一篇文章。
江惜美	1998	所謂看圖作文就是以一幅或多幅圖，呈現出有系統的主題，供學生作為寫作的材料。
曾瑞雲	2003	看圖作文是利用圖畫為媒介來引起兒童的興趣，啟發和引導學童把握圖畫的內容，誘導兒童想像，使兒童寫作時言之有物，言之有序。因為圖畫主題明顯，能促使兒童把握題旨寫作，寫出一篇完整的文章。

　　在這邊，我將「看圖作文」定義為：「利用圖像教學來激發學童的學習意願，引導學童了解圖像內容，運用觀察、想像及創意，表達圖像主題，再應用文字表達完成寫作」。在國語文寫作能力指標中有 F1-1-1-1 能學習觀察簡單的圖畫和事物，並練習寫成一段文字。（國民教育社群網，2009）所以學童在第一階段應該有圖像寫作教學活動，而本教學活動讓學童觀察短片及圖片，先用詞形容，再用句子說明，最後以小短文呈現，循序漸進的完成圖片寫作，這樣的教學活動就有符合能力指標的精神。

　　在我規畫的圖像教學流程，則是參照國立編譯館模式修改如下：

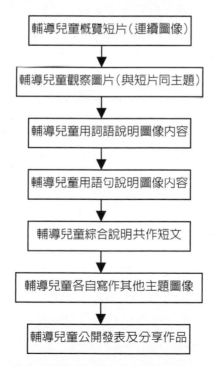

圖 7-3-1　圖像寫作教學流程圖（整理自曾瑞雲，2003：26-27）

在圖 7-3-1 中的第六階段是學童各自寫作，我規畫的方式可以選擇有經驗的圖像寫作，也可以選擇未曾有過經驗的主題，以想像加入創意的方式完成。這就是有位學者對於敘事文章所分類的兩大來源。

> 敘事散文題材的來源，大抵不出兩類：一類是寫實性的；一類是想像性的。前者是作者憑生活經驗的創作，題材的來源，來自日常生活中所見所聞的事，然後採擇其中值得記述的，介紹給別人也知道；後者是作者憑想像的創作，不一定是真實的事，但它的來源，來自於作者心靈的構思和玄想，創造出一些動人的場面和情節，使人們也能嚮往期間。（方祖燊等，1975：125）

此外，就是進一步的「融合」嘗試：

> 真正的文藝作品都必同時是寫實的與想像的。想像與寫實相需為用。所謂「寫實」就是根據經驗，所謂「想像」就是集舊經驗加以新綜合（想像就是「綜合」或「整理」）。（朱光潛，2001：105）

寫作本來就是一種經驗與想像力相互配合的產物，以朱光潛的說法就是將二者結合綜合整理後產出。一篇文章倘若只有寫實而沒有想像的舊經驗去綜合，那就不夠豐富。

在圖 7-3-1 中的第七階段是學童公開發表及分享，在國語文寫作能力指標也有提到第一階段必須要達到這樣的能力。F 1-1-4-3 能相互觀摩作品、分享寫作的樂趣。（國民教育社群網，2009）我規畫寫作活動結束後，徵求自願上臺分享小短文的學童，一來能互

相觀摩、分享寫作喜悅；二來可以訓練學童的說話能力，培養口語表達的技巧及臺風。最後教師批閱及學童訂正後，再將學童的作品公開展示，彼此可以相互觀摩及交流想法，讓學習更進一層。

「寫作」是進一步運用多元的素材，表達出絕佳的語文詞句，再善用駕馭文字的寫作技巧，適當的表達自己的意思與情感。（張玲霞，2006：78）教導孩子寫作，不是為課業，更不是為了指導學童參與比賽獲獎，而是培養學童的語文能力，運用詞語及文字說明自己的想法及內心世界，這樣的理念才是寫作教學的根本。

第四節　運用在彈性課程語文教學的策略

　　本節將探討風土人文在彈性課程的教學策略。學童經過課本學習，再到風土人文結合閱讀課程，第三階段是結合說話教學，第四階段是結合寫作教學，最後一節課，我希望讓學童可以活潑的方式學習，透過遊戲學習新知，加深既有知識，讓課程趣味化，撇開古蹟較為生硬的印象。

　　彈性教學建構教學的重要理念包括：

（一）學生是教學的主體，教師在教學過程中，要尊重學生的主體性，鼓勵學生積極參與教學的過程。

（二）利用教學設計安排具有啟發性、挑戰性的情境，使學生身臨其境，面對問題，自然而然即躍躍欲試。（鄭茂春，2000：26-27）

在彈性課程中，鄭茂春提到學童是教學活動中的主體，要讓學童積極參與；活動設計有啟發性及挑戰性。所以這節的彈性課程教學活動將在本位鄉土課進行教學，以挑戰性遊戲讓學童積極參與、面臨挑戰，自然達到學童自己主動參與教學活動的目的。

這次彈性課程的設計延續前面的說話教學活動，都是以「古蹟」為主題，先前的說話教學活動，挑選出六個國定古蹟由學童分組上臺呈現古蹟之美。可是澎湖地區國定古蹟有 16 處，而縣定古蹟有 7 處，所以為了學童知道澎湖所有的古蹟，所以規畫這節的教學活動。這節課只是讓學童初淺了解澎湖的所有古蹟，教師會播放古蹟投影片給學童欣賞，圖片旁邊附上古蹟名稱，學童可能沒辦法記住所有古蹟的詳細內容，但是目標是希望他們至少看到古蹟能說出其名稱。

為了讓學童積極認識古蹟，所以設計較刺激、具有競爭性的遊戲，就是希望學童在遊戲前的教學能仔細聆聽、專心於投影片的教學。教師先將學童分組，分組競賽是團隊精神的表現，在過程中，學童必須要遵守分組規定，包含理性討論、分工合作、協助彼此等，對於課堂中容易分心的學童，倘若是分組，就有組員協助教師提醒分心者應該專心。分組後教師播放兩次澎湖古蹟的投影片，第一次速度為正常播放，第二次速度較慢，就是希望讓學童第一次看完後，還有再加深印象的機會。對於可能第一次有遺漏的學童，還可以再次學習。緊接著，放下活動所需物品及解說規則。教師播放純圖片，讓各組將答案寫在白板上，當各組都寫完，就在下一張投影片顯示答案，立刻解題澄清各組的作答，這是第三次播放讓學童加深印象。每答對一題，就可以獲得古蹟拼圖一片，全部答對的組別就可以獲得 24 片拼圖（第一片是活動開始就發下），各小組可以合

作將拼圖完成，作為學童的獎品。最後教師播放遭到破壞的古蹟投影片與學童討論，於結語時提醒學童應該愛護古蹟，欣賞而非破壞的重要性。

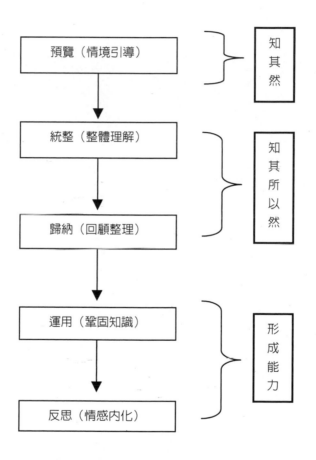

圖 7-4-1　彈性教學流程圖（整理自馮永敏，2001：79）

第八章

澎湖風土人文結合語文的教學活動設計

第一節 結合閱讀教學的教學活動設計

先前談到將「澎湖的風土人文」結合語文教學作系列的教學活動規畫，基於以課本學習為主體，以本校使用南一版國語課本為例，所以選用南一版三年級下學期第十一課（第六冊）〈菊島之旅〉作為制式化選材，再以輔助〈澎湖的珊瑚礁〉這篇文章作為閱讀教學的非制式化選材，二者搭配應用進行連續 80 分鐘的閱讀教學活動。

制式化選材：

菊島之旅

利用假日，我們一家人來到澎湖。走出馬公機場，海風便熱情的歡迎我們。

放眼望去，道路兩旁開滿了金黃色的小菊花，不停的向我們點頭打招呼。媽媽告訴我們：「這是天人菊，它最能代表澎湖人刻苦的形象。」望著一朵朵的「小太陽」，在這片風多雨少的土地上昂然開放，讓人不得不佩服它的生命力，難怪

澎湖有「菊島」的美名。

走在澎湖的鄉間，古老的房子和蜂窩般的矮牆伴著綠野藍天，我們就像在一幅田園畫中。我好奇的問：「這些牆是用什麼堆成的？」爸爸說：「大是用硓𥑮石和玄武岩堆成的。它們來自海裡，能抵擋冬天的強風和夏日的烈陽，是大海送給澎湖人最珍貴的禮物。」老房子和矮牆上的斑斑點點，似乎正在對我們訴說澎湖古老的歲月。

第二天，我們坐船飛馳在「藍色公路」上，欣賞不一樣的澎湖風光。船剛出海，只見潔淨的白色沙灘閃著亮眼的光芒，好像在向我們道別。波光雲影裡，成群的海鳥在海面上飛轉滑行，表演吃魚的特技。繼續往前，又見柱狀的玄武岩排列在海面上，迎接我們的到來。姐姐說：「這些世界聞名的玄武岩景觀，都是大自然最有創意的作品呢！」

兩天難忘的旅程很快的結束了。回家前，爸爸問我們：「要不要買些紀念品？」哥歌搖搖頭，指著照相機說：「紀念品都在裡面了！」（張清榮主編，2009：96-99）

非制式化選材：

澎湖珊瑚礁

自清咸豐 10 年（1860 年）淡水開港後，臺灣的茶葉、樟腦、糖、珊瑚的輸出量都是世界第一。據估計，從臺灣澎湖群島海底開採得來深海珊瑚佔全世界總產量 90%（唸法：百分之九十）。由此可知當時澎湖地區珍貴珊瑚資源的豐富程度。澎湖的海洋生物，魚類至少有 700 餘種，其中硬骨魚類中鱸

形目佔了大多數，軟骨魚類較少。珊瑚類主要分布在沿海淺水域，種類眾多。此外尚有棘皮動物，如海膽、海參、海星、海百合和陽隧足等海洋動物，由於澎湖的玄武熔岩底質與岩岸平緩，再加上潮間帶廣闊，沿岸深度變化小，是十分適合珊瑚生長的環境。但是來自大陸與臺灣的大量沖積物，使部分地區的海底堆積了不少泥沙，加上冬季低於攝氏16度至18度的水溫，卻又不利於珊瑚的生長。

珊瑚與澎湖人的生活有著密切的關係，澎湖傳統建材「硓𥑮石」，就是珊瑚礁石灰岩塊所組成。由硓𥑮石所築成的防風牆，也成為澎湖著名的人文景觀。澎湖海域中普遍有珊瑚生長，大多集中在淺海地區與潮間帶。其中以澎湖本島北部海域的吉貝嶼、鳥嶼和目斗嶼，以及澎湖本島南部紗帽山至風櫃一帶的海岸地區，有較高的珊瑚覆蓋率。吉貝嶼、鳥嶼和目斗嶼附近海域的珊瑚平均覆蓋率有50%以上，位於紗帽山和風櫃之間的青灣，珊瑚平均覆蓋率更高達80%以上。（改編自何立德、王鑫，2004：134、138、139）

表 8-1-1 澎湖風土人文結合閱讀教學的活動設計表

單元名稱	澎湖的珊瑚礁	教學對象	三年級第二學期
學生人數	20 人	課程名稱	閱讀
設計者	鄭揚達	時間	80 分鐘（兩節課）
教學目標	1. 學童能說出澎湖珊瑚礁的相關資訊及在生活上的運用。 2. 學童能感受自然環境的保育對我們的重要性。 3. 學童能將自己的感受透過文字、口語表達出來。 4. 學童能踴躍發言，以尊重、理性的態度參與討論，表情達意。		
分段能力指標	A1-4-3-1 能利用注音符號輔助認識文字。 A1-5-10-3 能就所讀的注音讀物，說出自己發現的問題和想法。 B1-1-2-2 喜歡聆聽別人發表。 B1-1-9-8 能主動參與溝通，聆聽對方的說明。 C1-1-2-5 能用完整的語句回答問題。 C1-1-2-7 能依照文意，概略讀出聲音的節奏。 C1-4-9-3 能依主題表達意見。 D1-6-10-2 能自我要求寫出工整的字。 E1-2-1-1 能讀懂課文內容，了解文章的大意。 E1-3-1-1 能培養閱讀的興趣，並培養良好的習慣和態度。 E1-4-2-2 能和別人分享閱讀的心得。 E1-7-5-2 能理解在閱讀過程中所觀察到的訊息。 F1-1-1-1 能學習觀察簡單的圖畫和事物，並練習寫成一段文字。 F1-1-4-3 能相互觀摩作品，分享寫作的樂趣。		
運用十大基本能力	一、了解自我與發展潛能。 二、欣賞表現與創新。 三、生涯規畫與終身學習。 四、表達、溝通與分享。 五、尊重關懷與團隊合作。 九、主動探究與研究。 十、獨立思考與解決問題。		
準備教材	1. 〈心瑚口瑚〉學習單。（如附件一） 2. 〈澎湖珊瑚礁〉文章。（如附件二） 3. 澎湖珊瑚礁圖片四張。 4. 南一版國語課本第六冊。 5. 單槍、筆記型電腦、硓𥑮石投影片。 6. 評選表（附件三）、紅色標籤圓貼紙。		

教學活動名稱	教學活動內容	時間	分段能力指標	十大基本能力	評量方式
	一、準備活動 （一）教師：準備文章〈澎湖珊瑚礁〉注音版、學習單、澎湖珊瑚礁圖片四張、南一版國語課本第六冊、單槍、筆記型電腦、硓𥑮石投影片。 （二）學生：基本寫作工具、南一版國語課本第六冊。 二、教學活動 （一）引起動機 　　教師與學童一起朗讀一次課本自然段第四段，複習這段中大自然的創意作品是玄武岩。	1"	C1-1-2-7	二	口頭評量
活動一：珊情款款	（二）發展活動 　1.活動一：珊情款款 （1）教師用單槍展示四張澎湖在地珊瑚礁的圖片，請學童靜心的仔細欣賞。	2"	A1-5-10-3 B1-1-2-2	十二 二	教師觀察
	（2）教師讓學童發表猜測圖片中的物品是何物？	1"	B1-1-9-8	九	口頭評量
	（3）教師讓學童上臺在黑板上仿畫，提高學童學習的興趣。	5"	C1-1-2-5 C1-4-9-3	二 九	教師觀察
	（4）教師讓學童發表圖片中的珊瑚礁看起來的感覺？有無其他想法或發現？	4"			口頭評量

活動二： 珊瑚瑚水		2. 活動二：珊瑚瑚水 (1) 教師發下文章〈澎湖珊瑚礁〉，請學童先靜靜默讀。	10”	A1-4-3-1 E1-2-1-1	三	教師觀察
		(2) 教師提問：這篇文章中哪一句話或是一些話可以用來說明澎湖珊瑚礁的重要性？	2”	E1-3-1-1 E1-7-5-2	一	口頭評量
		(3) 教師提問：澎湖為什麼適合珊瑚礁生長？有什麼有利的條件？	2”	A1-5-10-3 B1-1-2-2	一	口頭評量
		(4) 教師提問：剛才提到澎湖的環境適合珊瑚礁生長，也就是說澎湖的珊瑚礁生長都不會有任何問題？或是任何影響的因素嗎？如果有，是哪些？	3”	B1-1-9-8 C1-1-2-5 C1-4-9-3	五	口頭評量
		(5) 教師提問：文章中有沒有哪些話告訴你澎湖的海洋生態如何？	2”		十	口頭評量
		(6) 教師提問：澎湖的珊瑚礁主要分布在哪些區域為主？以什麼標準來說這些區域是最主要的？	2”		二	口頭評量
		(7) 教師提問：這篇文章最主要的是在講什麼主題？	1”		九	口頭評量
		(8) 教師提問：請根據剛剛討論的問題，簡單說出本篇文章的大概內容。	5”		二九	口頭評量

	3. 活動三：珊生有心				
	(1) 教師提問：珊瑚礁與我們的生活有沒有直接或間接的關係？如果有，請具體說明。	2"	A1-5-10-3 B1-1-2-2	十二	口頭評量
	(2) 教師提問：剛剛提到硓𥑮石就是珊瑚礁的一種，硓𥑮石可以拿來蓋房子，請問在你生活中，硓𥑮石還有沒有其他用途？	4"	B1-1-9-8 C1-1-2-5 C1-4-9-3	九二九	口頭評量
活動三： 珊生有心	(3) 教師解說硓𥑮石在澎湖生活文化上的用途，包括以下幾項：（投影片說明） 　A. 生活功能：可以用來輔助民眾的生活，例如：菜宅（蜂巢田）、水井、石滬、魚灶、港口及堤防等。 　B. 住宅功能：滿足民眾安身立命的功用，例如房舍、牛棚、倉庫、廁所等。 　C. 民間信仰功能：滿足民眾信仰上的需求，例如：廟宇、營頭、石塔、石敢當等。 　D. 官衙及社教	10"	B1-1-2-2	二	口頭評量 教師觀察

		設施：因為官方需求所興建的建築物，例如衙署、營盤、砲臺等。 E. 其他功能：包括交通、防禦、生命禮俗所興建的建築，如灰窯、橋、槍櫃、城、義塚、石碑。			
		(4) 教師進行雙手OX活動，題目是：硓𥑮石拿來蓋房子，請問硓𥑮石去海邊撿拾後，就能立刻拿來蓋嗎？對打比O，錯的比X。	1”	二	行為評量 教師觀察
		(5) 教師說明硓𥑮石至少要放在戶外吹風淋雨才可以使用，同時說明原因。	2”	B1-1-2-2 二	教師觀察
		(6) 教師進行雙手OX活動，題目是：硓𥑮石至少在外面吹風淋雨三年以上，對的請比O，錯的請比X。	1”		教師觀察 行為評量
		(7) 教師說明硓𥑮石至少要放在戶外吹風淋雨三年以上才可以使用，倘若是要讓鹽分完全退盡，最好到七至八年。	2”	B1-1-2-2	教師觀察
		(8) 教師提問：小朋友你們到海邊	1”	A1-5-10-3 B1-1-2-2 十二	口頭評量

活動四：心瑚口瑚	教學活動	時間	能力指標		評量方式
	還有看到很多的大硓砧石嗎？ (9) 教師說明：當時代的人取用硓砧石作為材料製作許多東西或是蓋房子，因為那時候經濟狀況較差，想要省錢又取材方便才會如此，現今的社會就不要再去撿拾了，因為硓砧石已經越來越稀少，我們應該讓它留在家「海洋」，應該保護它們不要讓它們永遠消失在澎湖的環境中，所以要好好愛惜海洋。還有更重要的是，現有的硓砧石房子，大家也不可以去破壞，因為它們都是重要的文化建築物。	3"	B1-1-9-8 C1-1-2-5 C1-4-9-3	九 二 九	教師觀察
活動四： 心瑚口瑚	4. 活動四：心瑚口瑚 (1) 教師發下學單並且稍作解說。		B1-1-2-2 A1-4-3-1	三 三	教師觀察
	(2) 學童自行閱讀題目，然後根據題意回答問題。	11"	A1-5-10-3 D1-6-10-2	十 十	寫作評量
	（三）綜合活動 1. 教師歸納這兩節課的教學重點，並且引導出「珊瑚礁也是大自然送給澎湖的創意作品」。	3"	E1-4-2-2 F1-1-1-1	二 一	教師觀察
	2. 教師將批改完的學童作品張貼在		E1-4-2-2	二	公開分享

| | | 公布欄上，並且請小朋友下課時間，自行到公布欄閱讀，閱讀後請在該篇下方簽名表示已經閱讀完畢；同時每個人可以用紅標投三票選出最棒的作品，但是每個人三票都要投給不同人，下一次閱讀課再來頒獎給表現前三名的小朋友。

---------本教學活動結束--------- | F1-1-4-3 | 四 | 欣賞評選 |

附件一　配合閱讀教學活動學習單

姓名：

一、如果現在神仙要送珊瑚礁給你，請你幫自己設計美麗的珊瑚作
　　品向神仙申請吧！

　　┌─────────────────────────────┐
　　│   │
　　│   │
　　│   │
　　│   │
　　│   │
　　│   │
　　│   │
　　│   │
　　│   │
　　└─────────────────────────────┘

二、請寫出三項硓𥑮石在日常生活中的用處？
　　1.【　　　　】 2.【　　　　】 3.【　　　　】

三、請寫出澎湖適合珊瑚礁生存的原因？

────────────────────────────────────

四、小朋友，聽完老師的解說及看完《澎湖的珊瑚》這篇文章後，
　　你有什麼收穫或是心得？

────────────────────────────────────
────────────────────────────────────
────────────────────────────────────

附件二　學童非制式化補充文章

澎ㄆㄥ 湖ㄏㄨˊ 的ㄉㄜ 珊ㄕㄢ 瑚ㄏㄨˊ 礁ㄐㄧㄠ

　　自清咸豐 10 年（1860 年）淡水開港後，臺灣的茶葉、樟腦、糖、珊瑚的輸出量都是世界第一。據估計，從臺灣澎湖群島海底開採得來深海珊瑚佔全世界總產量 90%（唸法：百分之九十）。由此可知當時澎湖地區珍貴珊瑚資源的豐富程度。

　　澎湖的海洋生物，魚類至少有 700 餘種，其中硬骨魚類中鱸形目佔了大多數，軟骨魚類較少。珊瑚類主要分布在沿海淺水域，種類眾多。此外尚有棘皮動物，如海膽、海參、海星、海百合和陽隧足等海洋動物，由於澎湖的玄武熔岩底質與岩岸平緩，再加上潮間帶廣闊，沿岸深度變化小，是十分適合珊瑚生長的環境。但是來自大陸與臺灣的大量沖積物，使部分地區的海底堆積了不少泥沙，加上冬季低於攝氏 16 度至 18 度的水溫，卻又不利於珊瑚的生長。

　　珊瑚與澎湖人的生活有著密切的關係，澎湖傳統建材「硓𥑮石」，就是珊瑚礁石灰岩塊所組成。由硓𥑮石所築成的防風牆，也成為澎湖著名的人文景觀。澎湖海域中普遍有珊瑚生長，大多集中在淺海地區與潮間帶。其中以澎湖本島北部海域的吉貝嶼、鳥嶼和目斗嶼，以及澎湖本島南部紗帽山至風櫃一帶的海岸地區，有較高的珊瑚覆蓋率。吉貝嶼、鳥嶼和目斗嶼附近海域的珊瑚平均覆蓋率有 50% 以上（張崑雄，1992），位於紗帽山和風櫃之間的青灣，珊瑚平均覆蓋率更高達 80% 以上。（改編自何立德、王鑫，2004：134、138、139）

附件三　心瑚口瑚學習單評選表

心瑚口瑚評選表

座號	姓名	評分處
1		
2		
3		
4		
5		
6		
7		
8		
9		
10		
11		
12		
13		
14		
15		
16		
17		
18		
19		
20		

清點人簽名：　　　班長簽名：　　　老師簽名：

第二節　結合說話教學的教學活動設計

　　先前談到將「澎湖的風土人文」結合語文教學作系列的教學活動規畫，基於以課本學習為主體，以本校使用南一版國語課本為例，所以選用南一版三年級下學期第十一課（第六冊）〈菊島之旅〉作為制式化選材，再以輔助〈澎湖七篇古蹟簡介〉作為說話教學的非制式化選材，二者搭配應用進行 80 分鐘的說話教學。本次教學活動設計兩節課規畫不連續上課，而是分成兩天完成教學活動，因為主活動需要學童返家當作回家功課加以準備，才能上臺發表。

　　制式化選材：

菊島之旅

　　利用假日，我們一家人來到澎湖。走出馬公機場，海風便熱情的歡迎我們。

　　放眼望去，道路兩旁開滿了金黃色的小菊花，不停的向我們點頭打招呼。媽媽告訴我們：「這是天人菊，它最能代表澎湖人刻苦的形象。」望著一朵朵的「小太陽」，在這片風多雨少的土地上昂然開放，讓人不得不佩服它的生命力，難怪澎湖有「菊島」的美名。

　　走在澎湖的鄉間，古老的房子和蜂窩般的矮牆伴著綠野藍天，我們就像在一幅田園畫中。我好奇的問：「這些牆是用什麼堆成的？」爸爸說：「大多是用硓𥑮石和玄武岩堆成的。它們來自海裡，能抵擋冬天的強風和夏日的烈陽，是大海送給澎湖人最珍貴的禮物。」老房子和矮牆上的斑斑點

點，似乎正在對我們訴說澎湖古老的歲月。

第二天，我們坐船飛馳在「藍色公路」上，欣賞不一樣的澎湖風光。船剛出海，只見潔淨的白色沙灘閃著亮眼的光芒，好像在向我們道別。波光雲影裡，成群的海鳥在海面上飛轉滑行，表演吃魚的特技。繼續往前，又見柱狀的玄武岩排列在海面上，迎接我們的到來。姐姐說：「這些世界聞名的玄武岩景觀，都是大自然最有創意的作品呢！」

兩天難忘的旅程很快的結束了。回家前，爸爸問我們：「要不要買些紀念品？」哥哥搖搖頭，指著照相機說：「紀念品都在裡面了！」（詳見本章第一節）

非制式化選材：

開臺天后宮

澎湖中央街的天后宮是臺澎地區最早的媽祖廟，澎湖的馬公市原稱為「媽宮」，也是因為天后宮而得名的。根據廟內保存的「沈有容諭退紅毛番韋麻郎等」石碑可以得知，天后宮至少建廟已經超過四百年的歷史了。

天后宮從建廟以來，經歷過許多次的整修，目前的廟宇格局是完成於西元 1922 年日本佔領的時候。當時在整修的時候，還特別聘請中國潮州大木匠師「藍木」負責全場工程，而石碑就是在修復過程中從祭壇發現出土的，現在已經將石碑妥善保存。

歷代的皇帝對於媽祖都有封號。在清朝初年，媽祖原先封號為「天妃」。但是施琅攻佔澎湖後，將臺灣納進清朝的國土

中，施琅就建議將媽祖加封為「天后」，而且加入春秋的祭典中。

天后宮是國家一級古蹟，一直以來香火鼎盛，也是當地的信仰中心。澎湖先民從外地移居過來，透過信仰可以找到心靈寄託，天后宮位於澎湖最老舊的中央街區，所以是早期民眾心靈寄託處。同時過去廟宇除了是宗教信仰中心，也可能兼具教育、政治、軍事和經濟中心的功能唷！

西嶼西臺古堡

西臺古堡，原叫「西嶼西臺」，澎湖人大多稱呼為「西臺古堡」，位於西嶼鄉外垵村的臺地上，緊鄰外海懸崖峭壁，在高處控制澎湖內海的入口。早在明朝末年，這邊已經有砲臺作為防禦之用。到了清朝光緒年間，更是全新規畫西臺古堡的戰力，添購火力強大的新式砲臺，由火力可以知道西臺古堡在軍事地位的重要性。

進入西臺古堡前的城門上，還可以看到清朝大官李鴻章親自題字的「西嶼西臺」石刻牌坊。在內城，堡門、土垣、壕溝、營房和教場都有甬道可以相通，還有營房、糧食房、彈藥庫和倉庫等，整體規畫相當完善，在土垣上方守備，物資都可以藉由甬道傳送，相當便利。

西臺古堡已經定為國家一級古蹟，政府也將此規畫成為觀光景點，讓民眾可以前往參觀。小朋友每到西臺古堡的城內，總是興奮的跑來跑去，有的玩起捉迷藏，有的大玩鬼抓人，更有的玩起打仗遊戲呢！

馬公城隍廟

城隍自古以來原是對自然界的崇敬，指的是無形的城郭。根據歷史紀錄，以前的皇帝對於城隍的祭祀非常重視；到了清朝更將城隍祭列入歲祭中，而且規定廟宇的建築規格和祭祀禮儀。因此，只要有新的官員要上任，就必須要先到當地的城隍廟祭拜表示尊重。有句話說：「日審陽，夜審陰」，在人間常做壞事的人，或許逃得過法律，但是卻逃不過城隍爺的法眼，這也就是以前古代時，在官府附近會有城隍廟的原因。澎湖除了馬公城隍廟之外，還有一座文澳城隍廟。文澳城隍廟歷史更久遠，因為文澳城隍廟空間太小和環境不夠官方祭典使用，所以才又蓋了這座新的「馬公城隍廟」。廟的三川門前有很精緻的木刻窗櫺和厚實的石堵雕刻，後步口中門兩側排列的石柱和對聯，更是珍貴的文化資產。殿內石碑、匾額和對聯，更說明了馬公城隍廟在歷史發展和文化資產上的價值。現在馬公城隍廟已經成為國家三級古蹟。

城隍廟前的小吃已經成為澎湖有名的小吃店，每到用餐時間，人潮把店裡擠得水洩不通。

四眼井

澎湖因為地理環境的關係，四面環海，沒有高山、河川，所以淡水來源對於先民居住、發展都相當重要，因此鑿井取水就是民生用水的重要來源。只不過，不一定每次鑿井必定有淡水可以食用或是灌溉，要找到水質優良、味道甘甜、源源不絕的水井更是難上加難。

位在中央老街內的四眼井，也有人稱為「四孔井」，澎湖在地人對此井用臺語也稱為「四孔井」。四眼井開鑿的時間已經無從查證，傳說是早期先民移居澎湖出現最早的一口淡水井。因為中央街地勢較低，匯集了當地的淡水資源，這裡也是以前來往船隻的補水站呢！

最早的四眼井是一口大井，為了避免在取水過程中跌倒發生墜井意外，所以將井外封起，井上方只開四門井口方便取水。現在自來水相當便利且衛生，所以井水慢慢失去生活用水上的重要性。隨著觀光業的發展，四眼井已成為著名觀光景點，遊客每次到四眼井，大多會提桶水，洗洗手，體驗井水清涼透澈的感受，四眼井已經從生活用途轉變為文化用途，四眼井也成為國定三級古蹟。

媽宮古城

以前為了保護軍民的安全，不被海盜侵擾，都會建築簡易的城廓和砲臺來保護，如澎湖的虎井「沉城」。澎湖儘管開發得早，卻沒有任何建造城門的紀錄。直到中法戰爭發生後，清朝開始重視澎湖的防禦，因此開始建造「澎湖城」。城牆主要取自當地硓𥑮石為建材，以蚵殼粉刷，不但可以防禦敵人，更可以抵抗澎湖惡劣的環境。城門一共有六座，分別是東、南、西、北、小南、小西等六門。日本人為了都市計畫和填築海岸，於是將東門、南門、小南門、北門拆除掉。現在只剩下西門和小西門，小西門也就是順承門，西門已經變城軍營的一部分，政府也將現存的媽宮古城定為國家三級古蹟。

以前的澎湖古城是一座沿海而興築的城池，目前留下的這一段城牆就在海岸邊，走在城垣上，可以欣賞到大海美景，看來往穿梭的船隻，運氣好時，還可以見到軍艦進港唷！

黃昏時，站在城垣上欣賞夕陽餘暉，靜靜的看著馬公港，再看看蜿蜒的城牆，會讓人有嶄新的體會。

施公祠與萬軍井

施公就是明末清初的施琅，原本在明朝當將領，後來投靠清朝政府，被封為福建水師提督。後來施琅帶著清朝的水軍，攻下澎湖，當時的官員和民眾先建了「施將軍廟」。

施將軍廟到了清朝道光時候，也就是西元 1843 年，距今一百六十年前，進行整修並且改名為「施公祠」到了西元 1896 年，日本人想在施公祠的位置興建醫院，所以將施公祠移到現在的位置。目前就在開臺天后宮的旁邊，位於中央街巷內，附近大多是一般民宅，所以整體空間受到限制，祠內空間不大。

祠堂的右側前方，有座萬軍井，原名「師泉井」。過去的時代中，島嶼上的水和食物是最重要的資源，尤其對軍隊來更是極為重要，因為他們對水的需求量非常大。傳說施琅帶著大軍來到澎湖，需要大量用水，所以向媽祖祈禱，果然師泉井大量湧水，軍隊也不會因為缺水而軍心渙散。因為這口井足以提供萬軍使用，所以被稱為「萬軍井」。

今日的施公祠與萬軍井已經成了國定三級古蹟了。

馬公觀音亭

面對著澎湖內海，香煙裊裊、鐘聲和梵音不絕於耳的馬公觀音亭，每到了夕陽西下，總是吸引許多人到此散步、游泳、玩耍、運動，這裡是澎湖著名的「觀音夕照」景點。觀音亭園區的廟宇主要祭祀南海觀世音菩薩，是澎湖的佛教勝地。觀音亭創建於清康熙 35 年，也就是西元 1696 年，距離現在已經有三百多年。西元 1826 年，把東廂房改建為「龍王廟」。後來發生中法戰爭，寺廟不但遭到破壞，連裡面的古文物也都被洗劫一空。到了西元 1927 年，日本人在原有的建築物上增加了鐘鼓樓和福德祠，並將龍王廟移祀於右側偏殿。現在你所看到的觀音亭是 1959 年整修的樣貌。

觀音亭的廟前有一座「古鐘亭」，亭內的古鐘是康熙年間所設置的。馬公觀音亭雖然年代久遠，而且經過多次破壞和修復，但是廟內保存的文物相當珍貴，觀音亭也因此被定為國家三級古蹟，可以前往參觀。這些年來，澎湖每到五月前後，總是盛大舉辦「花火節」，而觀音亭就是花火施放的主場地，每到花火施放的時間，觀音亭園區人山人海的景象，讓人印象深刻。（以上七篇改編自王奕期等，2005：138-153）

表 8-2-1　澎湖風土人文結合說話教學的活動設計表

單元名稱	澎湖古蹟「報」出來	教學對象	三年級第二學期
學生人數	20 人	課程名稱	本位鄉土
設計者	鄭揚達	時間	80 分鐘（兩節課）
教學目標	1. 學童能說出專心聆賞他人表現，作一個優秀的觀眾。 2. 學童能感受教學活動多元性帶來的樂趣。 3. 學童能將自己的感受透過文字、口語表達出來。 4. 學童能踴躍發言，以尊重、理性的態度參與討論，表情達意。 5. 學童能透過不同表現方式大方的表達學習內容。		
分段能 力指標	A1-2-1-1　能利用注音符號，提升說話及閱讀能力。 A1-4-3-2　能利用注音讀物，擴充閱讀範圍。 B1-1-2-2　喜歡聆聽別人發表。 B1-1-3-3　能養成仔細聆聽的習慣。 B1-2-8-5　能結合科技資訊，提昇聆聽的能力，以提高學習興趣。 B1-1-9-8　能主動參與溝通，聆聽對方的說明。 C1-1-1-1　能清楚明白的口述一件事情。 C1-2-4-1　能愉快的與人溝通。 C1-4-7-1　發言不偏離主題。 C1-1-2-5　能用完整的語句回答問題。 C1-1-10-13　說話語音清晰，語法正確，速度適當。 C1-3-4-1　能用標準國語說簡單的故事。 E1-7-5-2　能理解在閱讀過程中所觀察到的訊息。 E1-7-9-4　能掌握基本閱讀的技巧。		
運用十大 基本能力	一、了解自我與發展潛能。 二、欣賞表現與創新。 三、生涯規畫與終身學習。 四、表達、溝通與分享。 五、尊重關懷與團隊合作。 六、文化學習與國際理解。 七、規畫、組織與實踐。 八、運用科技與資訊。 九、主動探究與研究。 十、獨立思考與解決問題。		
準備教材	1. 古蹟簡介說明本（天后宮、馬公城隍廟、媽宮古城、西臺古堡、 　　四眼井、施公祠及萬軍井、馬公觀音亭）。（如附件一～七） 2. 澎湖古蹟圖片七張（天后宮、馬公城隍廟、媽宮古城、西臺古 　　堡、四眼井、施公祠及萬軍井、馬公觀音亭）。 3. 單槍、筆記型電腦。 4. 評分表。（如附件八） 5. 數位攝影機（DV）。 6. 記者採訪介紹景點的影片。		

教學活動名稱	教學活動內容	時間	分段能力指標	十大基本能力	評量方式
	第一節課 一、準備活動 （一）教師：準備古蹟說明、古蹟圖片七章、單槍、筆記型電腦、記者報導影片、導遊解說影片。 （二）學生：準備基本文書工具。 二、教學活動 （一）引起動機： 　　播放「記者採訪景點的影片」及「導遊解說景點影片」讓學童欣賞該如何介紹一個景點。	5"	B1-1-3-3 B1-2-8-5 B1-1-2-2	三八二一	教師觀察
活動一：解讀古蹟	（二）發展活動 1. 活動一：解讀古蹟 (1) 教師將全班分為六組，分組方式如下： ① 1號、7號、13號、19號。 ② 2號、8號、14號、20號。 ③ 3號、9號、15號。 ④ 4號、10號、16號。 ⑤ 5號、11號、17號。 ⑥ 6號、12號、18號。 (2) 教師每組發下一本古蹟說明本。 (3) 請小朋友先靜靜閱讀一次全部的內容。	1" 1" 15"	B1-1-3-3 B1-1-3-3 A1-2-1-1 A1-4-3-2 E1-7-5-2 E1-7-9-4	三 三 一三五九	教師觀察
活動二：活力古蹟	2. 活動二：活力古蹟 (1) 教師揭示這次活動主題：「解說古蹟」，並且說明可以使用的表現方式： ① 記者：解說古蹟，以記者報導	5"	B1-1-3-3 B1-1-2-2	三二	教師觀察

		的方式說明。			
		② 縣名：解說古蹟，以自己身為澎湖縣民說明古蹟。			
		③ 演戲：兩個人或兩個人以上，用演戲對話的方式說明古蹟。	8"	B1-1-3-3 E1-7-5-2 B1-1-2-2	三 五 二	教師觀察
		④ 其他表現口語方式。			
		(2) 教師以〈天后宮〉一文簡單示範記者報導及演戲呈現，讓學童加深印象，也提供他們一些表現的想法。指導他們注意表情、語調、眼神、肢體等。	1"	B1-1-3-3	三	
		(3) 教師將古蹟說明本剩餘六個古蹟分給各組為主題：	2"	B1-1-3-3 B1-1-2-2	三 二	教師觀察
		① 西臺古堡。			
		② 馬公城隍廟。			
		③ 四眼井。	2"	B1-1-3-3 B1-1-9-8	三 九	教師觀察
		④ 媽宮古城。			
		⑤ 施公祠與萬軍井。		C1-2-4-1	四	
		⑥ 馬公觀音亭。		B1-1-3-3	三	
		(4) 教師解說古蹟說明本：學童可以單純唸出古蹟本的內容，也可以自己修改的更好唸，但是古蹟的重點一定要說出來讓大家知道，否則就失去解說古蹟的意義了。				
		(5) 教師讓學童分組討論上臺呈現的模式，以及解說的內容。				
		(6) 下課前叮嚀學童				

	務必回家將內容記熟,下課時間要記得練習,下週上課才能上臺,也別忘了想要以記者報導的組別要收看新聞。 ---------第一節課結束---------				
活動三: 稀奇古怪 話古蹟	3. 活動三: (1) 教師說明今天活動的內容是各組上臺說明古蹟,同時提醒臺下學童應該作一個優秀的聆聽者。 (2) 教師發下評分表給每位學童,並且提醒學童評分應該公平公正,自己組別不用評分,而且要勾選每組的優點,也一定要給每組建議。 (3) 第一組上臺說明:西臺古堡。 (4) 第二組上臺說明:馬公城隍廟。 (5) 第三組上臺說明:四眼井。 (6) 第四組上臺說明:媽宮古城。 (7) 第五組上臺說明:施公祠與萬軍井。 (8) 第六組上臺說明:馬公觀音亭。 (學童表演時使用 DV 錄影)	1" 1" 30"	B1-1-3-3 B1-1-3-3 B1-1-3-3 B1-2-8-5 C1-1-1-1 B1-1-2- C1-1-10-13 C1-3-4-1	三 三 三 八 一 二 十 六	教師觀察 教師觀察 表演評量 教師觀察 欣賞評選

活動四： 有話 大聲說	4. 活動四：有話大聲說 (1) 教師提問：剛剛每組的表現，有哪些優點？ (2) 教師提問：有沒有需要改進的地方？ （三）綜合活動 1. 教師統計各組分數，並且公開表揚第一名組別。 2. 教師總結今天學童表現，以及該注意、可以更進步的地方。 ----------本教學活動結束----------	2" 2" 2" 2"	B1-1-2-2 B1-1-3-3 C-1-2-5 C-4-7-1 B1-1-2-2 B1-1-3-3 B1-1-2-2 B1-1-3-3	二 三 二 七 二 三 二 三	口頭評量 口頭評量 教師觀察 公開表揚 口頭評量

附件一

開臺天后宮

　　澎湖中央街的天后宮是臺澎地區最早的媽祖廟，澎湖的馬公市原稱為「媽宮」，也是因為天后宮而得名的。根據廟內保存的「沈有容諭退紅毛番韋麻郎等」石碑可以得知，天后宮至少建廟已經超過四百年的歷史了。

　　天后宮從建廟以來，經歷過許多次的整修，目前的廟宇格局是完成於西元 1922 年日本佔領的時候。當時在整修的時候，還特別聘請中國潮州大木匠師「藍木」負責全場工程，而石碑就是在修復過程中從祭壇發現出土的，現在已經將石碑妥善保存。

　　歷代的皇帝對於媽祖都有封號。在清朝初年，媽祖原先封號為「天妃」。但是施琅攻佔澎湖後，將臺灣納進清朝的國土中，施琅就建議將媽祖加封為「天后」，而且加入春秋的祭典中。

　　天后宮是國家一級古蹟，一直以來香火鼎盛，也是當地的信仰中心。澎湖先民從外地移居過來，透過信仰可以找到心靈寄託，天后宮位於澎湖最老舊的中央街區，所以是早期民眾心靈寄託處。同時過去廟宇除了是宗教信仰中心，也可能兼具教育、政治、軍事和經濟中心的功能唷！（改編自王奕期等，2005：138-139）

附件二

西嶼西臺古堡

　　西臺古堡，原叫「西嶼西臺」，澎湖人大多稱呼為「西臺古堡」，位於西嶼鄉外垵村的臺地上，緊鄰外海懸崖峭壁，在高處控制澎湖內海的入口。早在明朝末年，這邊已經有砲臺作為防禦之用。到了清朝光緒年間，更是全新規畫西臺古堡的戰力，添購火力強大的新式砲臺，由火力可以知道西臺古堡在軍事地位的重要性。

　　進入西臺古堡前的城門上，還可以看到清朝大官李鴻章親自題字的「西嶼西臺」石刻牌坊。在內城，堡門、土垣、壕溝、營房和教場都有甬道可以相通，還有營房、糧食房、彈藥庫和倉庫等，整體規畫相當完善，在土垣上方守備，物資都可以藉由甬道傳送，相當便利。

　　西臺古堡已經定為國家一級古蹟，政府也將此規畫成為觀光景點，讓民眾可以前往參觀。小朋友每到西臺古堡的城內，總是興奮的跑來跑去，有的玩起捉迷藏，有的大玩鬼抓人，更有的玩起打仗遊戲呢！（改編自王奕期等，2005：140-141）

附件三

馬公城隍廟

城隍自古以來原是對自然界的崇敬，指的是無形的城郭。根據歷史紀錄，以前的皇帝對於城隍的祭祀非常重視；到了清朝更將城隍祭列入歲祭中，而且規定廟宇的建築規格和祭祀禮儀。因此，只要有新的官員要上任，就必須要先到當地的城隍廟祭拜表示尊重。有句話說：「日審陽，夜審陰」，在人間常做壞事的人，或許逃得過法律，但是卻逃不過城隍爺的法眼，這也就是以前古代時，在官府附近會有城隍廟的原因。

澎湖除了馬公城隍廟之外，還有一座文澳城隍廟。文澳城隍廟歷史更久遠，因為文澳城隍廟空間太小和環境不夠官方祭典使用，所以才又蓋了這座新的「馬公城隍廟」。廟的三川門前有很精緻的木刻窗櫺和厚實的石堵雕刻，

後步口中門兩側排列的石柱和對聯，更是珍貴的文化資產。殿內石碑、匾額和對聯，更說明了馬公城隍廟在歷史發展和文化資產上的價值。現在馬公城隍廟已經成為國家三級古蹟。

城隍廟前的小吃已經成為澎湖有名的小吃店，每到用餐時間，人潮把店裡擠得水洩不通。（改編自王奕期等，2005：149-151）

附件四

四眼井

　　澎湖因為地理環境的關係，四面環海，沒有高山、河川，所以淡水來源對於先民居住、發展都相當重要，因此鑿井取水就是民生用水的重要來源。只不過，不一定每次鑿井必定有淡水可以食用或是灌溉，要找到水質優良、味道甘甜、源源不絕的水井更是難上加難。

　　位在中央老街內的四眼井，也有人稱為「四孔井」，澎湖在地人對此井用臺語亦稱為「四孔井」。四眼井開鑿的時間已經無從查證，傳說是早期先民移居澎湖出現最早的一口淡水井。因為中央街地勢較低，匯集了當地的淡水資源，這裡也是以前來往船隻的補水站呢！

　　最早的四眼井是一口大井，為了避免在取水過程中跌倒發生墜井意外，所以將井外封起，井上方只開四門井口方便取水。

　　現在自來水相當便利且衛生，所以井水慢慢失去生活用水上的重要性。隨著觀光業的發展，四眼井已成為著名觀光景點，遊客每次到四眼井，大多會提桶水，洗洗手，體驗井水清涼透徹的感受，四眼井已經從生活用途轉變為文化用途了，四眼井也成為國定三級古蹟。（改編自王奕期等，2005：146-147）

附件五

媽宮古城

　　以前為了保護軍民的安全，不被海盜侵擾，都會建築簡易的城廓和砲臺來保護，如澎湖的虎井「沉城」。澎湖儘管開發得早，卻沒有任何建造城門的紀錄。直到中法戰爭發生後，清朝開始重視澎湖的防禦，因此開始建造「澎湖城」。城牆主要取自當地硓𥑮石為建材，以蚵殼粉刷，不但可以防禦敵人，更可以抵抗澎湖惡劣的環境。城門一共有六座，分別是東、南、西、北、小南、小西等六門。日本人為了都市計畫和填築海岸，於是將東門、南門、小南門、北門拆除掉。現在只剩下西門和小西門，小西門也就是順承門，西門已變成軍營的一部分，政府也將現存的媽宮古城定為國家三級古蹟。

　　以前的澎湖古城是一座沿海而興築的城池，目前留下的這一段城牆就在海岸邊，走在城垣上，可以欣賞到大海美景，看來往穿梭的船隻，運氣好時，還可以見到軍艦進港唷！

　　黃昏時，站在城垣上欣賞夕陽餘暉，靜靜的看著馬公港，再看看蜿蜒的城牆，會讓人有嶄新的體會。（改編自王奕期等，2005：141-143）

附件六

施公祠與萬軍井

　　施公就是明末清初的施琅，原本在明朝當將領，後來投靠清朝政府，被封為福建水師提督。後來施琅帶著清朝的水軍，攻下澎湖，當時的官員和民眾先建了「施將軍廟」。施將軍廟到了清朝道光時候，也就是西元 1843 年，距今一百六十年前，進行整修並且改名為「施公祠」。到了西元 1896 年，日本人想在施公祠的位置興建醫院，所以將施公祠移到現在的位置。目前就在開臺天后宮的旁邊，位於中央街巷內，附近大多是一般民宅，所以整體空間受到限制，祠內空間不大。

　　祠堂的右側前方，有座萬軍井，原名「師泉井」。過去的時代中，島嶼上的水和食物是最重要的資源，尤其對軍隊來說更是極為重要，因為他們對水的需求量非常大。傳說施琅帶著大軍來到澎湖，需要大量用水，所以向媽祖祈禱，果然師泉井大量湧水，軍隊也不會因為缺水而軍心渙散。因為這口井足以提供萬軍使用，所以被稱為「萬軍井」。

　　今日的施公祠與萬軍井已經成了國定三級古蹟了。（改編自王奕期等，2005：145-146）

附件七

馬公觀音亭

　　面對著澎湖內海，香煙裊裊、鐘聲和梵音不絕於耳的馬公觀音亭，每到了夕陽西下，總是吸引許多人到此散步、游泳、玩耍、運動，這裡是澎湖著名的「觀音夕照」景點。觀音亭園區的廟宇主要祭祀南海觀世音菩薩，是澎湖的佛教勝地。

　　觀音亭創建於清康熙 35 年，也就是西元 1696 年，距離現在已經有三百多年。西元 1826 年，把東廂房改建為「龍王廟」。後來發生中法戰爭，寺廟不但遭到破壞，連裡面的古文物也都被洗劫一空。到了西元 1927 年，日本人在原有的建築物上增加了鐘鼓樓和福德祠，並將龍王廟移祀於右側偏殿。現在你所看到的觀音亭是民國 48 年整修的樣貌。

　　觀音亭的廟前有一座「古鐘亭」，亭內的古鐘是康熙年間所設置的。馬公觀音亭雖然年代久遠，而且經過多次破壞和修復，但是廟內保存的文物相當珍貴，觀音亭也因此被定為國家三級古蹟，可以前往參觀。

　　這些年來，澎湖每到五月前後，總是盛大舉辦「花火節」，而觀音亭就是花火施放的主場地，每到花火施放的時間，觀音亭園區人山人海的景象，讓人印象深刻。（改編自王奕期等，2005：152-153）

附件八

古蹟說明評分表

　　小朋友這節課聽完每組精采的解說後,老師相信你一定收穫滿滿,對於澎湖的古蹟更加了解,現在就請你幫每組的發表打分數,請記得要依照他們的表現公正的評分喔!也別忘了要勾選他們的優點,也寫出給他們的建議。自己的組別不用評分,只需要幫他組評分。

組別	用笑臉來評分	優點大轟炸		
1	☺☺☺☺☺☺☺	□音量適中	□態度大方	□說明完整
	建議:	□清楚表達	□活潑生動	□極具創意
2	☺☺☺☺☺☺☺	□音量適中	□態度大方	□說明完整
	建議:	□清楚表達	□活潑生動	□極具創意
3	☺☺☺☺☺☺☺	□音量適中	□態度大方	□說明完整
	建議:	□清楚表達	□活潑生動	□極具創意
4	☺☺☺☺☺☺☺	□音量適中	□態度大方	□說明完整
	建議:	□清楚表達	□活潑生動	□極具創意
5	☺☺☺☺☺☺☺	□音量適中	□態度大方	□說明完整
	建議:	□清楚表達	□活潑生動	□極具創意
6	☺☺☺☺☺☺☺	□音量適中	□態度大方	□說明完整
	建議:	□清楚表達	□活潑生動	□極具創意

我來簽簽名

第三節　結合寫作教學的教學活動設計

　　先前談到將「澎湖的風土人文」結合語文教學作系列的教學活動規畫，基於以課本學習為主體，以本校使用南一版國語課本為例，所以選用南一版三年級下學期第十一課（第六冊）〈菊島之旅〉作為制式化選材，取其澎湖的主題。再以〈澎湖主題活動相片〉作為寫作教學的非制式化選材，二者搭配應用進行 80 分鐘的寫作教學。

　　制式化選材：

菊島之旅

　　利用假日，我們一家人來到澎湖。走出馬公機場，海風便熱情的歡迎我們。

　　放眼望去，道路兩旁開滿了金黃色的小菊花，不停的向我們點頭打招呼。媽媽告訴我們：「這是天人菊，它最能代表澎湖人刻苦的形象。」望著一朵朵的「小太陽」，在這片風多雨少的土地上昂然開放，讓人不得不佩服它的生命力，難怪澎湖有「菊島」的美名。

　　走在澎湖的鄉間，古老的房子和蜂窩般的矮牆伴著綠野藍天，我們就像在一幅田園畫中。我好奇的問：「這些牆是用什麼堆成的？」爸爸說：「大多是用硓𥑮石和玄武岩堆成的。它們來自海裡，能抵擋冬天的強風和夏日的烈陽，是大海送給澎湖人最珍貴的禮物。」老房子和矮牆上的斑斑點點，似乎正在對我們訴說澎湖古老的歲月。

　　第二天，我們坐船飛馳在「藍色公路」上，欣賞不一樣的澎

湖風光。船剛出海，只見潔淨的白色沙灘閃著亮眼的光芒，
好像在向我們道別。波光雲影裡，成群的海鳥在海面上飛轉
滑行，表演吃魚的特技。繼續往前，又見柱狀的玄武岩排列
在海面上，迎接我們的到來。姐姐說：「這些世界聞名的玄
武岩景觀，都是大自然最有創意的作品呢！」

兩天難忘的旅程很快的結束了。回家前，爸爸問我們：「要
不要買些紀念品？」哥哥搖搖頭，指著照相機說：「紀念品
都在裡面了！」（詳見本章第一節）

非制式化選材：

圖 8-3-1　七美雙心石滬

圖 8-3-2　觀音亭花火節

圖 8-3-3　電子武轎遶境

圖 8-3-4　元宵乞龜活動（作者攝）

圖 8-3-5　海灘踏浪戲水（作者攝）

表 8-3-1 澎湖風土人文結合寫作教學的活動設計表

單元名稱	我心中的菊島	教學對象	三年級第二學期
學生人數	20 人	課程名稱	國語
設計者	鄭揚達	時間	80 分鐘（兩節課）
教學目標	1. 學童能用完整語句說出圖片及短片中的訊息。 2. 學童能感受主題圖片活動的氛圍。 3. 學童能藉由圖片訊息、感受氛圍及想像力完成寫作。 4. 學童能用工整字體及運用工具書完成寫作。 5. 學童能勇於上臺發表作品，且能仔細聆聽及給予鼓勵。		
分段能力指標	A1-5-4-1　能應用注音符號，輔助表達自己的經驗和想法（如：寫日記、便條等）。 A1-7-3-1　能應用注音檢索方式的工具書，解決學習上的疑難問題。 B1-1-2-2　喜歡聆聽別人發表。 B1-1-3-3　能養成仔細聆聽的習慣。 B1-1-9-8　能主動參與溝通，聆聽對方的說明。 B1-2-10-7　能邊聆聽，邊思考。 C1-1-1-3　能發音正確，口齒清晰。 C1-1-2-5　能用完整的語句回答問題。 C1-1-2-7　能依照文意，概略讀出聲音的節奏。 C1-1-3-8　能清楚說出自己的意思。 C1-1-10-13　說話語音清晰，語法正確，速度適當。 C1-1-9-12　能充分感受表達的成就感。 C1-4-9-3　能依主題表達意見。 D1-2-3-1　會利用音序及部首等方法查字（辭）典，並養成查字（辭）典的習慣。 D1-4-1-1　能養成良好的書寫姿勢（良好的坐姿、正確的執筆和運筆的方法），並養成保持整潔的書寫習慣。 D1-6-10-2　能自我要求寫出工整的字。 E1-7-5-2　能理解在閱讀過程中所觀察到的訊息。 F1-1-1-1　能學習觀察簡單的圖畫和事物，並練習寫成一段文字。 F1-1-4-3　能相互觀摩作品，分享寫作的樂趣。 F1-2-1-1　能運用學過的字詞，造出通順的句子。 F1-3-4-2　能認識並練習寫作簡單的記敘文和說明文。 F1-4-6-2　能寫出自己身邊或與鄉土有關的人、事、物。 F1-4-10-3　能應用文字來表達自己對日常生活的想法。 F1-7-1-1　能認識並練習使用標點符號。		

運用十大基本能力	一、了解自我與發展潛能。 二、欣賞表現與創新。 三、生涯規畫與終身學習。 四、表達、溝通與分享。 五、尊重關懷與團隊合作。 六、文化學習與國際理解。 九、主動探究與研究。 十、獨立思考與解決問題。
準備教材	1. 五張澎湖在地活動或天然景色的圖片（雙心石滬圖片彩色列印一張Ａ3及電腦圖片），圖片內容包括雙心石滬、花火節、電子武轎遶境、元宵乞龜、潔白沙灘。 2. 單槍、筆記型電腦。 3. 學習單。（紙本及電子檔） 4. 五張圖片的相關短片。

教學活動名稱	教學活動內容	時間	分段能力指標	十大基本能力	評量方式
活動一： 看圖說話	一、準備活動 （一）教師：準備五張澎湖在地活動或天然景色的圖片（電腦圖片）、單槍、筆記型電腦、學習單（紙本及電子檔）、五張圖片的相關影片。 （二）學生：基本寫作工具、南一版國語課本第六冊。 二、教學活動 （一）引起動機：教師播放七美雙心石滬的短片。	1"	B-1-3-3 E-7-5-2	三 五	教師觀察
	（二）發展活動 　1. 活動一：看圖說話 　（1）教師提問學童討論看到什麼？	2"	B1-1-2-2 B1-1-3-3	二 三	口頭評量
	（2）教師提問：小朋友你曾經去過短片地點的請舉手？你們知道短片地點的名稱嗎？	1"	C1-1-3-8 C1-4-9-3	三 九	口頭評量
	（3）教師提問：老師現在手上拿的就是雙心石滬的圖片，小朋友你看到雙心石滬的圖片，你有什麼想法或是感覺？	3"	B1-1-2-2 B1-1-3-3 C1-1-3-8	二 三 三	口頭評量 教師觀察
	（4）教師提問：小朋友	2"	C1-4-9-3	九	

	請你們用一些詞語來形容雙心石滬？每人說一個，把機會跟時間留給其他人。		B1-1-2-2 B1-1-3-3	二三	口頭評量
(5)	教師提問：我們剛剛用很多詞語來形容，那現在請小朋友將這些詞語擴寫為句子，請你用完整的語句說明？	5"	B1-2-10-7 C1-1-2-5 C1-1-3-8 C1-4-9-3 B1-1-2-2 B1-1-3-3 B1-2-10-7 C-1-3-8 C-4-9-3 B-1-2-2 B-1-3-3 B1-2-10-7 C1-1-2-5 C1-1-3-8 C1-4-9-3	十二三九二三三十三九二三三十二三九	口頭評量
(6)	我們剛才用很多句子來說明「雙心石滬」，現在一起共同創作一篇有關於「雙心石滬」的小短文，其實這一點都不難，我們把剛剛大家的想法組合起來，由你們來創作，想到句子的小朋友舉手說出來，老師將他寫在黑板上，大家一起來完成這篇小短文。(小朋友的句子倘若被採用寫在黑板上，就給予學童鼓勵)	18"	B1-1-2-2 B1-1-3-3 B1-1-9-8 B1-2-10-7 C1-1-2-5 C1-1-3-8 C-1-10-13 C1-1-9-12 C1-4-9-3 F1-7-1-1	二三九十二三十九九一	口頭評量 教師觀察 欣賞評選
(7)	教師：我們剛剛一起完成這篇「雙心石滬」小短文，就是讓小朋友可以先透過全班練習，然後下一節課我們就要個別練習了。我們現在一起來朗讀一次。	2"	C1-1-1-3 C1-1-2-7	一二	口頭評量 教師觀察

	2. 活動二：看圖寫一寫				
	(1) 教師播放四張相片（如附件一）給學童欣賞，並且討論相片主題。	2"	B1-1-3-3 E1-7-5-2	三 五	口頭評量
	(2) 教師播放四個主題的短片給學童欣賞？	3"	B1-1-3-3 E1-7-5-2	三 五	教師觀察
	(1) 教師發下學習單，解說學習單寫作注意事項，並且提醒學童學習單因為黑白影印，圖片可以看投影布幕上的大張彩色圖片。	1"	B1-1-3-3	三	教師觀察
活動二： 看圖寫一 寫	(2) 教師請學童安靜完成學習單，倘若有疑問，請舉手詢問老師。	34"	A1-5-4-1 A1-7-3-1 D1-2-3-1 D1-4-1-1 D1-6-10-2 E1-7-5-2 F1-1-1-1 F1-2-1-1 F1-3-4-2 F1-4-6-2 F1-4-10-3	二 三 三 十 五 一 一 四 六 十 一	教師觀察 寫作評量
	(3) 教師宣布課堂寫作時間到了，倘若還未完成的小朋友請利用下課時間繼續寫作。	6"	F1-7-1-1		
	（三）綜合活動				
	1. 教師提問：有沒有小朋友願意上臺跟大家分享你的小短文，請唸出來給大家欣賞聆聽。（教師讚許願意上臺分享的學童，並且在班級經營積分表上加一分）		B1-1-2-2 B1-1-3-3 C1-1-1-3 C1-1-2-7 C1-1-10-13 F1-1-4-3	二 三 二 二 十 四	公開分享
	2. 教師宣布這份學習單，批改訂正後，將會貼在公布欄，讓大家一起欣賞。		F1-1-4-3	四	欣賞評選
	-----------本教學活動結束---------				

附件一

看圖片寫一寫

一、小朋友請將今天看過的圖片先填上圖片主題。

相片主題：＿＿＿＿＿＿＿＿　　　相片主題：＿＿＿＿＿＿＿＿＿

相片主題：＿＿＿＿＿＿＿＿　　　相片主題：＿＿＿＿＿＿＿＿＿

二、上面四張主題照片的活動，哪些你曾經親身體驗過？

＿＿＿＿＿＿＿＿＿＿＿＿＿＿＿＿＿＿＿＿＿＿＿＿＿＿＿＿

三、請你用各用一個詞語簡單形容這四個主題活動？（盡量避免寫
　　太簡單的詞語，你可以藉由字典來幫忙！）

　　主題一：_____　　　主題二：_____

　　主題三：_____　　　主題四：_____

四、請問你最喜歡上面哪一個主題的活動？為什麼？

　　最喜歡：_____　　　為什麼：_____

　　_____

五、小朋友假設你現在是一個有任意門的人，你可以選擇上面的一
　　個活動參加，請你試著透過圖片寫一篇小短文？（如果該主題
　　活動沒參加過，可以藉由老師的短片及圖片想像）

題目：								

我來簽簽名

第四節　結合彈性課程語文教學的教學活動設計

　　先前談到將「澎湖的風土人文」結合語文教學作系列的教學活動規畫，基於以課本學習為主體，以本校使用南一版國語課本為例，所以選用南一版三年級下學期第十一課（第六冊）〈菊島之旅〉作為制式化選材，前面已經規畫六節相關延伸課程，包括閱讀、說話及寫作。在本節的彈性課程規畫理念是活潑快樂學習，希望學童在遊戲中學習鄉土知識，認識鄉土的古蹟。說話課程已經規畫上臺解說，但是只有七處國定古蹟的說明而已。為了讓學童認識澎湖的古蹟名稱及樣貌，又避免重複說話的教學活動，導致課程缺乏新鮮感，所以教師先用圖片說明古蹟名稱，再讓學童分組作答。以這樣的方式教學，學童為了獲得好成績，上課就會認真聽講，團結合作一起作答，達到最佳的學習效果。

表 8-4-1　澎湖風土人文結合彈性課程語文教學的活動設計表

單元名稱	澎湖古蹟大搜尋	教學對象	三年級第二學期
學生人數	20 人	課程名稱	本位鄉土
設計者	鄭揚達	時間	40 分鐘（一節課）
教學目標	1. 學童能仔細聆聽教師解說，同時自然的說出聆聽內容。 2. 學童能合作完成題目，且能遵守規定。 3. 學童能發揮團隊合作的精神，共同闖關。 4. 學童能藉由認識古蹟進而了解到保護古蹟的重要性。		

分段能力指標	B1-1-3-3　能養成仔細聆聽的習慣。 B1-2-7-4　能有條理的掌握聆聽到的內容。 C1-1-1-3　能發音正確，口齒清晰。 C1-1-2-4　能正確的使用標準國語說話。 C1-1-2-5　能用完整的語句回答問題。 C1-1-2-6　能用自然的態度說話。 C1-4-9-3　能依主題表達意見。 C1-1-9-12　能充分感受表達的成就感。 D1-4-1-1　能養成良好的書寫姿勢（良好的坐姿、正確的執筆和運筆的方法），並養成保持整潔的書寫習慣。 D1-6-10-2　能自我要求寫出工整的字。 E1-7-5-2　能理解在閱讀過程中所觀察到的訊息。
運用十大基本能力	一、了解自我與發展潛能。 二、欣賞表現與創新。 三、生涯規畫與終身學習。 五、尊重關懷與團隊合作。 七、規畫、組織與實踐。 九、主動探究與研究。 十、獨立思考與解決問題。
準備教材	1. 澎湖國定古蹟及縣定古蹟共 23 張圖片的附字幕投影片。（開臺天后宮、媽宮城隍廟、觀音亭、媽宮城城順承門、四眼井、施公祠與萬軍井、馬公金龜頭砲臺、湖西拱北砲臺、西嶼西臺、西嶼東臺古堡、馬公風櫃尾荷蘭城堡、西嶼燈塔、蔡廷蘭進士第、臺廈郊會館、西嶼二崁陳宅、文澳城隍廟、西嶼內垵塔公與塔婆、鎖港南北塔、林投日軍上陸紀念碑、龍門裡正角日軍上陸紀念碑、高雄關稅局馬公支關、第一賓館、乾益堂中藥行。） 2. 澎湖古蹟提問投影片。（第一張無字幕，待學童回答後再展示下張有字幕的圖片） 3. 白板用具五套。（小白板、水性黑筆、白板擦） 4. 古蹟拼圖五塊。（將圖片以Ａ4較厚紙張彩色列印，再分割為 24 片。） 5. 單槍、筆記型電腦。 6.遭破壞古蹟的投影片。

教學活動名稱	教學活動內容	時間	分段能力指標	十大基本能力	評量方式
	一、準備活動 （一）教師：準備澎湖國定古蹟及縣定古蹟共 23 張圖片、白板相關用具五套、古蹟拼圖五塊、單槍、筆記型電腦。 （二）學生：回家先複習古蹟說明本。 二、教學活動 （一）引起動機 　　　播放澎湖簡介的影片。	3”	B1-1-3-3	三	教師觀察
活動一：古蹟認認認	（二）發展活動 1. 活動一：古蹟認認認 (1) 教師將全班分成五組： ① 1 號、6 號、11 號、16 號。 ② 2 號、7 號、12 號、17 號。 ③ 3 號、8 號、13 號、18 號。 ④ 4 號、9 號、14 號、19 號。 ⑤ 5 號、10 號、15 號、20 號。 (2) 教師播放澎湖古蹟投影片，讓學童看古蹟圖片記住該古蹟的名稱，並請學童唸出古蹟名稱。 (3) 教師再播放一次古蹟投影片，這次播放速度較慢，讓學童加深印象，並請學童唸出古蹟名稱。	1” 3” 5”	 B1-1-3-3 B1-2-7-4 E1-7-5-2 C1-1-1-3 C1-1-2-4 B1-1-3-3 B1-2-7-4 E1-7-5-2 C1-1-1-3 C1-1-2-4	 三七 五 一 二 三七 五 一 二	 教師觀察 口頭評量 教師觀察 口頭評量
活動二：古蹟小學堂	2. 活動二：古蹟小學堂 (1) 教師發下每組一套白板用具及一片拼圖。 (2) 教師說明活動內容及遊戲方法： ① 看到圖片將答	 3” 18”	B1-1-3-3 B1-2-7-4	三七	教師觀察

		案寫在白板上。 ② 沒學過的國字可以寫注音。 ③ 寫完就將板子放下,在統一檢查。 ④ 答對的組別可以獲得拼圖一片。 ⑤ 全部答對就可以獲得 23 片拼圖,加上原先的 1 角,就可拼完全圖。			
		(3) 教師播放古蹟提問投影片,讓學童分組在白板上作答。各組每答對一題,立即發下該組的拼圖一片。	2"	B1-1-3-3 B1-2-7-4 D1-4-1-1	三七一	寫作評量 教師觀察 教師觀察
		(4) 教師讓各組學童以現有的拼圖角完成手邊拼圖。	1"	D1-6-10-2 E1-7-5-2	十五	
		（三）綜合活動	4"			口頭評量
		1. 教師提問:有無組別全部答對,已經完成拼圖?		C1-1-2-6 C1-1-9-12	二九	教師觀察 公開分享
		2. 師公開表揚完成全部拼圖的組別。		B1-1-3-3	三	教師觀察
		3. 教師播放遭破壞的古蹟投影片與學童一起討論,最後提醒學童要愛護我們的古蹟,可以去探訪古蹟,但是絕對不可以破壞。還有如果沒有拿到全部拼圖的組別,可以利用下課時間私底下到教師電腦重新測驗,答對一樣可以獲得全部的拼圖。		B1-2-7-4 C1-1-2-5 C1-4-9-3 E1-7-5-2	七二九五	口頭評量
		------------本教學活動結束---------			

第九章

澎湖風土人文在語文教學上應用模式的推廣

第一節 臺灣其他離島風土人文開發的借鏡

　　臺灣是我國發展的主體,是一個文化的中心,也就是主文化。主文化下的次文化就是各縣市的特有文化,甚是更小區域的特殊文化。彼此之間文化相關性高,構成一套專屬於臺灣的文化系統。

　　以臺灣本島為主體,周邊的小島都算是臺灣的離島。離島地區在以往由於交通不便捷,許多離島都有發展出屬於自己的風土人文。以蘭嶼為例,在蘭嶼的飛魚季和達悟族的服飾都是有別於其他地區的特有文化。又以綠島為例,綠島是一個小島,以前有聞名全臺的綠島監獄,有許多的重大罪犯都在裡頭度過他們的青春年華,如今的社會開放,講究人權,監獄生活也不再是秘密,所以綠島監獄經過申請就可以入內參觀,這也算是當地因政府機構而產生的新文化;另一方面,綠島最有名的就是朝日溫泉,朝日溫泉特別之處在於是露天的海底溫泉,這是全臺最特殊的溫泉,倘若將此溫泉發展成特有的文化,一定極具特色。又以小琉球為例,我曾經聽一位

小琉球的林姓教師談到，他們當地有些人家還遵循古禮，用轎子前往迎娶新娘，這樣的習俗在全臺灣已經相當少見了，這樣特殊的文化就是小琉球當地特有的文化。金門、馬祖都是縣級單位，區域較廣，加上離臺灣較遠，又離中國較近，所發展的特有文化與臺灣的差異更大。金門及馬祖都有共通的特色文化，就是戰地文化及製酒文化。這兩個地區從政府搬遷來臺後，一直負起捍衛臺海安全的使命，更是曾經發生過砲戰，這些點點滴滴的歷史過往，都成了它們現在的文化及觀光資產。

前面談到要透過教育的力量深廣化風土人文，進而培養鄉土情懷，都是以澎湖為例，在這邊則是希望把這樣的教學模式推廣出去，作為其他離島地區在風土人文開發上的參考。

風土人文的開發是每個離島地區都大力推動的事項，主要是著眼於觀光層面。觀光的發展固然重要，但風土人文資產的永續經營才是急切的事務。倘若希望地方的自然及文化資產可以永續發展，政府立法的公權力、政府的宣導令、教育主管機關的教育及地方人民的觀念，都是必然的要素。離島地區對於外界來說，本來就屬於偏遠地區，也可能會被冠上文化較落後的地區，或是學童整體學習狀況沒有都市好的想法。這些說法都不是整體的真貌，離島學童的學習能力及整體表現或許不及大都市那麼卓越，但是也不至於到落後的程度。要擺開這樣的說法，就要從教育及文化紮根做起。

學習能力從教育及文化紮根能提升學童的整體能力，那麼教育及文化紮根與風土人文開發又有何關聯性？開發風土人文需要人力，開發的優劣成敗決定於人力的素質，素質是教育及文化薰陶的結果。

　　離島地區的語文深化與風土人文的開發有著密不可分的關係。澎湖在地作家蔡愛清在他的作品集《野菊心事》中有一篇〈西嶼鄉之旅〉中提到她帶著一雙兒女到西嶼鄉一遊，以記敘文的方式敘述沿路的風景，還述說著心裡的感受，對於西嶼的點點滴滴描述的相當豐富。蔡愛清文章的內容會讓外地人對於澎湖縣西嶼鄉有一種想去探索的憧憬，想去一探文中所描述的地區，自己體會與文中的感受有無相似或相異處。底下擷取她部分文章來說明：

> 在西嶼鄉的村與村之間，總有那麼一大片闊大的牧地相隔其間，行駛在綠意盎然的牧野間，似乎整個人也跟著舒暢輕快起來。望著牧野中牛隻成群的吃草，一對兒女在車內興奮的大叫，隨風起伏的綠色波浪遠接天邊……在離開人跡杳渺的大菓葉時，不期然在山坡處發現了一壁柱狀的玄武岩。在大自然鬼斧神工所雕塑出來的奇致景觀，就時常觸及的澎湖人而言，仍不免感嘆造物者的深奧力量。（蔡愛清，2000：85-86）

　　這就是一篇以鄉土概念去撰寫的文章，透過她的描述可以知道西嶼景象，一望無際的廣闊草原，大菓葉的柱狀玄武岩奇景。這樣的敘寫方式與純粹的旅遊書籍，給人的感覺相差很大。以蔡愛清的寫法，會讓人對這個地方有一種美麗又期待的感覺。至於一般的旅遊景點書籍，可能就是單純寫出：「大菓葉可以看到柱狀玄武岩。」至於玄武岩的景象如何，倘若沒有圖片，根本無從去想像大菓葉的玄武岩壁是否值得一探究竟。離島地區想將自己的鄉土推銷出去，以作家的筆法生動的刻畫在地的風土人文相當值得推廣。澎湖一直有在推廣寫作，許多澎湖知名的作家都有作品集陳列在縣立圖書館，把澎湖的風景、文化、感觸等等透過他們的筆表達出來，這樣

的成果都是仰賴於語文教育的紮根。將語文教育與風土人文融合這樣的模式，從小就可以讓學童從鄉土認識文學，從文學接觸鄉土。成人後，或許無法成為散文作家，但仍有其他表現的方式。現在網路普及，幾乎人人都能上網看訊息。部落格（Blog）也越來越大眾化，許多人都把自己旅遊的心境用文字在網路部落格述說，搭配著照片、影片一起閱讀；而觀賞者隨著文字、圖像起伏，彷彿親身踏訪影像中。倘若想在部落格寫下可以動人心絃的文章，也是要有一定程度的語文素養。名家作品集、部落格文章都是在地文化的推手之一，這兩樣都是需要強化語文教育，所以其他離島也可以將語文與風土人文結合，進行教學活動，深廣化在地語文及鄉土情懷，讓文化真正紮根於我們的莘莘學子。

先前談到風土人文結合語文領域的教學，以閱讀、說話、寫作及其他方式進行在地風土人文教學，不但可以讓語文深廣化，也可培養學童愛鄉愛土的鄉土情懷。

> 環保觀念要從小做起，在教科書中放進去。可是在放進這些環保的知識以前，首先要教導老百姓愛護這塊土地。西方環保會做得好，是因為長期以來，已經在教育上建立起人依賴自然、野生動物而生存的觀念。要環保做好，就要理解生態環保的關懷，要有鄉土觀，同時要注入對未來的憧憬和倫理。（周慧菁，2006：210）

以上這段話是前臺北市環保局長接受《天下雜誌》訪談的說法，他強調要落實環保就必須從小時候的教育紮根。環保要做得好，就必須要了解自然生態環保、鄉土觀及未來觀，其中的鄉土觀也是可以透過教育的力量培養的。我們以語文與風土人文結合，讓

學童的增進未來語文能力的同時，建立鄉土觀，培養鄉土情懷，也了解我們的自然生態的豐富性。漸漸地，他們會懂得去愛護生態，注意環保問題，唯有這樣才能讓生態永續經營下去。離島地區最大的天然資產就是自然生態，離島顧名思義就是四面環海，海洋是孕育離島生機的根本，只有讓離島的生態永續，未來才有生機。在這邊推廣語文教育融合風土人文，除了深廣學童的語文能力之外，更強調的是鄉土情懷。因為愛鄉土，所以也會愛護自然環境。因為是語文結合風土人文進行教學，學童語文能力精進，也能夠寫書出版或是透過部落格公開對外宣導愛護鄉土的重要性，這些都是環環相扣的。

　　在臺灣的新竹有一處由縣長親自落款的文學步道，稱為「那羅花徑文學步道」。這裡集結著鄉長落信‧阿善文學落語，還有作家古蒙仁、陳銘磻、吳念真、林文義、劉克襄，以及蘇素芬等六位的文學碑。（沃克漫青，2004：109）他們將作品刻畫在石碑上，這些作品都是與在地景點或文化相關的文章，沿路擺放石碑，讓人走在步道上，可以沿路欣賞文學的美，也可以從文學中更深入體會當地的美。這樣的作法也可以作為我們離島地區的借鏡，這也是一種語文教育深廣化的產物，可是要能夠寫出富有當地鄉土情懷的作品，風土人文的教育也是必然的。離島四面環海，大海也是許多人前往散心、旅遊的好去處，如果我們可以在環海處規畫文學步道，由在地的文學家寫出一篇篇充滿在地情感的作品，然後陳列在文學步道上，如此海岸邊不再只是戲水、觀浪或是衝浪而已，而是富有文學氣息，這就是風土人文開發的最佳案例。倘若現在我們對其中一幅作品相當有感觸，它所觸及的景點或是人文景觀不是常見的或是我

們曾經歷過的，我們就會試圖去找尋文中的真實美，這樣也是促進風土人文開發的另一途徑。

　　總之，推廣風土人文在語文教學上的應用是希望透過二者的結合，讓在地文化得以保存，進而培養鄉土情懷、生態永續經營的概念。在延伸後，可以用語文與鄉土開發更多人文景觀，讓在地文化推銷出去或是保留下來。

第二節　相關鄉土教材編撰的參照

　　鄉土教學是近幾年來教育主管機關推廣的施政方針之一，是希望透過教育管道讓學童了解這片土地的古往今來以及風土人文，培養學童的愛鄉愛土的鄉土情懷。鄉土教學在九年一貫課程中沒有單獨的領域或是學科，也就是不算是「正式課程」。雖然鄉土不算是正式課程，也不代表不用教學，它轉化成潛在課程；這種潛在課程，教師所扮演的角色就額外重要。因為鄉土不是正式課程，倘若學校或是縣市沒有自編教材，那麼教師就是選材者及掌舵者。現在九年一貫實施後，許多課程時間都遭到壓縮，又學校常常辦理各項活動，讓教學活潑生動化，所以要教師獨立編輯鄉土教材是相當困難的，這時候就是教師專業展現的契機。每學期初，每位教師都必須準備下學期的課程內容、教學進度及教學準備，鄉土教學就可以融入到各科的教學活動中，而不是單獨編輯鄉土教材再用額外的課程去教學。教學素材可以從何而來？應該怎麼來選擇教學素材？既然是融入各科的教學活動中，那就是以各科有關鄉土的部分去作延伸

教學，也就是補充教學內容。鄉土教學活動有認知、情意、技能三個層面，認知是讓學童了解鄉土的歷史、地理、政經等各人文及自然環境方面；情意是讓學童了解鄉土內涵後培養愛鄉愛土，也就是鄉土情懷；技能是讓學童實際去執行，可能是保護風土人文景觀，推廣鄉土教育，甚至是規畫風土人文的未來展望。

　　政府推廣鄉土教育，倘若學校有教育專款補助而去申請編輯學校的鄉土教材，各校就會有屬於自己的教材可提供教師教學使用。學校在編輯教材的時候，可能會依各校的需求不同而有內容取向上的差異。底下區分為兩大類：

一、學童適合直接閱讀：這類型的鄉土教材，呈現的內容較簡易，且語彙用法符合學童的學習程度，寫作手法比較活潑生動，學童可以自行閱讀。因為內容較豐富有趣，容易引起學童的閱讀興趣。

二、學童不適合直接閱讀：這類型的鄉土教材，呈現的內容比較艱深，語彙及句法也比較難懂，加上寫作手法較枯燥乏味，學童自行閱讀會有困難，加上內容比較無趣，也會影響學童的閱讀意願。

　　以上兩種鄉土教材各有使用價值，先以「學童不適合直接閱讀」作說明：這樣的鄉土教材可以提供教師教學上的參考之用，也可以作為教師進修的學習教材，讓教師對於該地區的風土人文有基礎的認識，再去從事教學鄉土課程；也可以作為學校出版的刊物，發送至圖書館或是社區家長，甚至出版販售，讓民眾可以更了解該地區的風土人文，這樣也是教師專業成長的表現方式。此外，這類型的鄉土教材作為教師進修的學習教材，以這點而言，學校可以規畫進修研習，讓學校教師以團隊的方式作教學方案，也就是教師團隊以

這類型的鄉土教材為底本，去規畫一系列的教學活動，教學活動設計對象為各年級學童。如此一來，可以有多方面的效益。在學校方面，鄉土教材產出是學校推動鄉土教育的成果，規畫教學方案又是另一項成果，再加上實際執行，對於學校的校務評鑑上相當有利。在教師方面，透過進修研習，團隊共同研發教學方案進行教學，教師對於鄉土教學更得心應手。在學童方面，教師經過研發而產出的鄉土教學活動，因為經過團隊研究，學童在學習上有最佳的學習效益。

以「學童適合直接閱讀」作說明：這類型的鄉土教材較為淺顯易懂，陳述上相對活潑有趣，對於學童而言，他們可以自行閱讀文章，吸取知識。在學童的學習心態來說，大多學童都喜歡自行翻閱課本。以國語課本為例，學童拿到課本總會自行翻閱，低年級學童甚至會大聲說：「第幾頁有……」，可能當時在上課時間，當翻閱到他們喜歡的主題文章，更會停下來自行閱讀。如果今天的鄉土教材陳述是符合學童自行閱讀的話，此教材就是學童的課外讀物，他們可以利用課餘時間進行閱讀活動，作一個主動學習者，這也是我們一直鼓勵學童努力的方向。這類型的教材也相當適合讓教師研發教學方案，對於教師實用性上更高，教師不但可以規畫教學活動，還有書面教材讓學童閱讀，二者結合進行教學，在學習上將有加倍的效果。

剛才提到鄉土教材的編輯上有兩大方向，經由第六章到第八章的探討，建議學校單位的鄉土教材以第二類型（學童適合直接閱讀）為編輯走向。至於編輯則是採用語文課本的呈現方式最佳。這樣的編輯方式，學童彷彿在看故事書一般，也就是閱讀文章，在進行鄉土教學的同時也達到閱讀的成效，這樣也比較不會造成教師的教學時數困擾。以下分項詳細說明：

一、提高學習興趣層面：簡單的說，就是以文章的類型呈現鄉土資料。舉例來說，現在鄉土教材的某一年段內容範圍為澎湖開臺天后宮、四眼井、中央街、施公祠及萬軍井等，倘若是以文化解說本的方式呈現，就會變成單一景點的簡介說明，說明年代、特色及背後的故事等。這樣的呈現方式，對於學童而言比較枯燥，也難以激發學童的學習興趣。倘若是以文章的方式呈現，採說故事或是遊記等寫作手法，學童比較容易閱讀，因為可以自行閱讀，也提高了他們自動學習的興趣。

二、教學多效益層面：以語文課本的編輯方式呈現，學童就好像在讀文章一般。這類型的鄉土教材就像是一本國語課本，也像是故事書。教師可運用此教材做閱讀教學、說話教學、寫作教學，還可以變換出其他更有趣的教學活動。學童不但可以學習到鄉土資訊，還可以透過鄉土教材增進語文能力，相當有效益的教學規畫。現在愈來愈重視語文教育，如果教師只是不斷地用課本延伸，沒有變化，久而久之，學童就會失去興趣。加上又強調本土化，重視鄉土教育，所以鄉土教學還是不可以輕廢。現在語文教學時數不足，如果既能加深語文能力，又能進行鄉土教學，將兩項加以結合應是最佳的方式。

　　在第六章的教科書國語課文中的鄉土意涵分析，也可以作為教科書編輯者的編製教科書的參考。幾個版本的國語課本都有鄉土相關的課文，礙於篇幅及生字取向，所以在內容取材上可能未盡人意。不過，這樣的觀點對於他們或許還是有參考的價值。

　　倘若學校團隊有編輯鄉土教材，就可以規畫彈性課程進行教學。彈性在每個階段為 3 至 6 節，各校運用節數由課程發展委員會討論決議。彈性課程可以設定為鄉土課程，運用文章寫作的鄉土教

材進行教學。鄉土課程就可以是結合語文教學的課程活動，也能藉此增進學生的語文能力。

第三節　厚植臺灣離島觀光資源的取徑

以臺灣為主體，周邊主要有六大離島區，包括綠島、蘭嶼、小琉球、澎湖群島、金門群島及馬祖列島等。（龜山島因為沒有居民，所以不予納入）這六大地區目前的發展主體都是以觀光產業為主，離島似乎就是與觀光畫上等號。觀光資源的運用是時下最重要的課題，在此所謂的「運用」是指如何妥善使用我們的風土人文資產。先前曾經談到透過風土人文結合語文教學，就是透過文章內容讓學童知道在地風土人文的內涵，進而培養學童的鄉土情懷，以及永續生態經營的重要性。

> 1992 年巴西里約舉辦的地球高峰會議（the Earth Summit），討論內容集結成「21 世紀議程（Agenda 21）」，其目的是希望修正人類過去對自然環境之惡，重新建立永續共生之可能性，強調三大永續要點：經濟有效、社會公平與生態平衡；內容含括提升生活品質、永不耗竭的資源利用、保護大氣與海洋、經營居住環境、有害物質管理、永續經濟成長到制度面的落實辦法。（高明瑞等，2007：33）

> 澎湖有廣闊的內海，潮間帶生態資源豐富，應將觀光產品定位於「生態觀光產品」，觀光活動為休閒漁業，亦即傳統的

> 捕魚方式，因為目前不論是國內或是國外，「生態觀光產品」
> 市場競爭者較少。（林宏城，2002：135）

　　十七年前的地球高峰會就已經揭示永續共生的觀念，尤其在自
然生態方面，倘若我們現在無止盡的取用、破壞，或許現在還是有
相當的收益，可是未來的經營卻看不到方向。離島的觀光產業不但
要「錢進」，更要「前進」，前進是走向觀光產業的獨特性、環保性，
形成有特色的「綠色觀光」。綠色觀光的概念與環保的概念相同，
都是需要從小教育起。在這邊推廣語文教育與風土人文進行結合教
學，就是希望學童一邊了解生態永續經營、鄉土資訊的同時，還能
提升語文能力，增加學童未來的競爭力。林宏城的說法就是綠色觀
光的相關概念，觀光產業是要永久經營，我們唯有走向生態觀光才
有未來無限寬廣的前程。

　　語文與各行各業的關係十分密切，自然觀光產業也不能置身於
外，行銷就是最重要的一環。行銷的策略一定包含文字，文字能否
打動消費者的心就要看執筆者的文學造詣及創意思維，這樣的能力
就要從小培養起。倘若只是單純的語文素養訓練是不足的，沒有對
鄉土有一定認知、情感的人，怎麼有辦法對於在地風土人文寫出感
動人心、引人注目的內容？這也就是要將風土人文與語文教育結合
的重要因素之一。離島地區要靠觀光發展，觀光是需要宣傳，必須
厚植在地人的語文能力及鄉土情懷，才能真正運用文字吸引遊客造
訪。而在行銷的內容上，吳美賢將訴求分為二類：

> 文字部分的廣告訴求分為理性訴求與感性訴求兩個類目。廣
> 告理性訴求強調說理方式，以資訊的提供為主；廣告感性訴

求以引起消費者興趣，偏重感官的描述。（吳美賢，2009：
54-55）

我們作文字廣告行銷就是希望遊客親自到訪，體驗廣告上的說
法或是親友的轉述。倘若廣告偏於理性訴求，以純資訊的提供，就
會發生本章第一節所說的：「無法知道遊歷後給人的感覺」或「是
什麼樣的體驗活動」等；但是廣告偏於感性訴求，只重視感官的述
說，而無相關資訊，民眾對於該景物的背景也是一無所悉。理性與
感性必須兼具才能真正構思出讓人有看了就想一遊的衝動，所以語
文能力的培養及鄉土情懷的深化是必要的。

> 地方政府推展觀光上，觀光專業推展人員不足，行銷手法保
> 守，又無創造話題能力。造成即使有不錯的活動內容，也因
> 遊客資訊來源取得不易，而降低活動效果，使得原本具優勢
> 的環境，因缺乏包裝、行銷，而慢慢變成了地方的負擔。（蘇
> 俊銘，2008：87）

> 關山尚無像鄰近鹿野鄉建立完備的解說制度，這不但可增加
> 旅程的深度，亦可從解說中，形塑當地的故事效果。除了關
> 山鎮農會設立的遊客中心，有為遊客量身訂作米食文化體驗
> 課程並提供相關資源解說外，其餘業者欠缺這樣的服務，流
> 於走馬看花的旅遊型態，這樣的發展狀況，使本地逐漸失去
> 吸引力。（同上，84）

在蘇俊銘的說法中提到觀光推廣行銷手法保守，沒辦法創造話
題。議題是由創意者勾起，創意者必須要時時廣泛閱讀各類書籍，
增加自己的見聞，才能將自己的想法與他人的想法結合，去創造新

的行銷手法。閱讀也是語文能力培養的方法之一，從小閱讀，往後就會漸漸養成主動閱讀的習慣。同時他還提到一個重點是解說的部分，一個是專業推廣人不足，一個是解說制度。專業解說人員是在地人相當重要，在地人最有感情去表達在地文化，人才的需求來自於觀光產業的興衰。觀光業越盛行越亟需解說人才，解說人才是需要教育的紮根，說話的技巧也是語文教學的一環。唯有先從小把語文教育及鄉土教育紮實教學，才能讓解說人才不致於匱乏。

> 行銷特殊活動、演唱會與節慶活動要能真正成功，就是要結合廣告、公共關係與宣傳的力量來加強這個特殊活動。為了執行一個成功的行銷活動，行銷人員必須創造出彼此能互相配合的廣告、公共關係與宣傳。（Leonard H. Hoyle1µ，2008：191）

> 西雅圖的災難歷史，讓好萊塢動起在此拍災難電影的念頭。電影《天崩地裂》（Dante 's Peak）就以雷尼爾山為背景。西雅圖，在大家的印象中較容易去注意的是梅格萊恩和湯姆漢克主演的《西雅圖夜未眠》（Sleepless in Seattle）。兩位的演出，使西雅圖這個工業城市美麗的外貌下，增添些許浪漫和溫馨的氣氛。（黃作炎，2001：131-132）

　　綜合上述二位的說法，行銷是一個城市成功的關鍵所在。南韓這十年來觀光事業蓬勃發展，利用多管道的行銷就是他們的手法之一。最為大家所知曉的就是「韓劇」，不管是劇情、場景、對白，甚至是男女主角，都是臺灣許多婦女討論的話題。每年總有一批批前往南韓「朝聖」的遊客，去實際造訪拍攝場景，品嚐韓國美食，

體驗一下劇情的感受。我曾在 2008 年冬季造訪南韓首爾，導遊就引領我們前往韓劇拍攝現場，同時進行現場說明取景角度，以及是哪部影集。當時的我看到感觸最深，因為那齣韓劇我與家人一起收看，所以就會想起劇情中的男女主角如何在此地互動，那種感覺相當特別。黃作炎在他的書中談到西雅圖這個城市外界對它的印象最深刻的就是《西雅圖夜未眠》這部經典電影，帝國大廈的畫面都深印在我們的心中，這就是最佳的行銷手法。反過來看臺灣的離島，各離島是否可以集合在地的人文學者一起創思劇本，拍攝令人回味無窮、印象深刻的劇集？或是吸引知名人士來離島取景，將離島推廣出去？我有一個澎湖在地的朋友，他專精於電腦動畫製作。他曾經告訴我，有感於澎湖一直都沒有一部真正富有在地特色文化的電影，讓外界透過電影了解澎湖的在地風土人文。後來他表明他所遇到的困境是「他的語文素養無法編撰動人心絃的劇本」，這也說明語文紮根的重要性。離島地區要走出去，不一定是觀光，也可以是文化產業，這樣的推廣方式需要政府的協助，以及人文學者一起參與共作。

離島文化產業紮根於語文教育，先前曾經提到文學步道是風土人文開發的新方向。另一方面，離島地區的空間再利用或是空間轉行，也是可以考量的方向。

> 再生空間就是把長久沒有使用的建築物、場所，經過重新整理、修建，確定它的結構與安全都沒有問題之後，再重新經營、使用這些地方，就是政府正在推動的「閒置空間再利用」方案。（李宜君，2004：8）

　　再生空間就是把閒置的建築或場所經過整修，經過安全評估無虞，重新利用這些空間作其他的運用。各地區不乏廢棄空間，這些空間重新給予新生命，以創新的思維去規畫，然後運用創意去行銷經營，也是離島觀光的出路之一，這也是人文產業的一部分。以澎湖為例，澎湖的舊縣長官邸因為無人居住，前任縣長就將它整修對外開放為人文空間，將舊官邸轉換成再生空間。現在的澎湖縣長舊官邸已經更名為「澎湖開拓館」，是充滿人文氣息的空間，不時有展覽、音樂會、風土人文講座，還會辦理鄉土活動，帶領小朋友四處參觀古蹟、解說古蹟，扮演著澎湖鄉土教育紮根的角色，也是語文推廣的舵手。另一個空間再利用的案例是來自於一首歌，也可以說是文學作品，是葉佳修所填詞，潘安邦所演唱的〈外婆的澎湖灣〉。這首歌所呈現畫面，會讓外地人想一探澎湖，這就是語文的力量。離島地區將語文深廣化，培植更多具有文學氣息的作家，透過他們的文字，吸引遊客到離島觀光。澎湖因為這首歌打響了知名度，縣政府也將潘安邦在金龍頭的舊居（原本整區都已經十分殘破）整修，還要規畫紀念館，藉此吸引遊客造訪來段知性之旅。不過，這樣的想法或許澎湖縣政府沒和潘安邦取得共識，以致於發生提告事件，如下則新聞：

> 歌手潘安邦，因為不滿澎湖縣政府在未經他的授權情況下，炒作潘安邦和外婆之間的故事，決定要對澎湖縣政府提出告訴。〈外婆澎湖灣〉帶動澎湖觀光熱潮，澎湖縣政府搭順風車，打造潘安邦小時候與外婆的肖像吸引大陸觀光客，甚至還要興建「潘安邦紀念館」，但此舉惹毛了潘安邦。（林季瑩、鄭偉宏，2009）

　　澎湖縣政府的立意是為了推展觀光，將外婆澎湖灣的背後故事具象化，透過紀念館展示相關資訊，成為新的人文景觀。只是這樣的新聞發生，也無形中影響了澎湖的形象，值得相關單位省思。

　　離島應該厚植語文能力及鄉土情懷，將風土人文與語文結合，構思新思維的人文產業。離島有了豐富的人文產業，行銷的不再只是單一的自然景觀。自然景觀還有自然的限制性，唯有自然產業及人文產業並進，離島的觀光才有新的契機。

第十章

結論

第一節　主要內容的回顧

　　在這本論述中，我的角色不只是一個研究者、執筆者，也是一個澎湖在地人。澎湖是一個自然景觀豐富，且獨具特色的地區，這也是我們在地人的驕傲。可是這樣的自然資產已經逐漸遭到人為的破壞。每當我看到景觀遭到破壞，總是會有一個疑惑：「是誰這麼無聊在古蹟上用修正液簽名留念？」作為一個迎接新時代挑戰的人，應該是將回憶留存在腦海中，配合相片去回想。這樣的過程無形中，也是在涵養自己的語文素養。澎湖豐富的風土人文在以往大多以解說的陳述法出版相關書籍，這樣的書籍幾乎是以成人為主要閱讀者，可供孩子獨立閱讀的相對之下少了許多。我自己為第一線教師，也曾經教學有關於澎湖的文章，可是從學童口中問得，許多人根本對澎湖的區域概念不清楚，這樣的鄉土教育成功嗎？各級學校對於閱讀的推廣相當積極，學校教師大多有規畫學期的閱讀課程。但是不見得每間學校都有規畫每學期的鄉土教育課程，這也不是學校的問題，而是教育根本制度。九年一貫推行下去，語文、數學等基礎課程時數遭到壓縮，加上現在強調多元化教學、統整教學活動、節慶教學活動等，這些都是在吃緊的課程時數下，必須要辦

理的相關學習活動。鄉土教育課程，有些學校會將彈性課程規畫為鄉土課程，倘若學校積極推廣語文及閱讀，那彈性就是成為語文補充的時數了。以臺北縣市為例，他們提高國語課的課程時數，可是領域有上限問題，變通的方式就是充分運用彈性來補充語文教學。鄉土教育在學校最常、最普遍的教學機會在戶外教學，戶外教學常常與鄉土結合，教師帶領著學童到社區踏查，了解社區的風土民情，可是次數不多。這樣的方式的確可以增加學童的鄉土資訊及培養鄉土情懷，可是效果不及固定授課。基於此點，為了讓學童更了解在地的風土人文，還要深廣化學童的語文能力，所以將研究主題設定為「澎湖的風土人文在語文教學上的應用」。希望透過這樣的模式建立，作為以後我教學上的參照，也可以提供其他教師作為參考。

在第一章的第一節中先提出研究問題：（一）未研究前不知在風土人文特色如何彰顯？（二）研究實踐中怎麼結合「在地風土人文」與「語文教學」？（三）研究完成後該如何運用推廣？第二節中，以澎湖為例，探討相關的風土人文在語文教學上的應用，研究目的有三點：（一）探討彰顯在地風土人文的途徑。（二）探討將「在地風土人文」與「語文教學」實踐的方法。（三）探討完成後的推廣方式。

當研究問題及目的都揭示後，選擇適切的研究方法陳述：首先是以現象主義方法去探討風土人文、語文教學的定義；以地誌學去擷取澎湖的風土人文中的自然生態部分；以民族誌方法來探討在地風俗民情；以詮釋學方法探討澎湖風土人文在語文教學上的應用性；以社會學方法將風土人文素材轉化為語文教材及探討推廣性。

在此論述「澎湖的風土人文在語文教學上的應用」，希望可以給現在推行鄉土教學一個新的概念去執行鄉土課程。這個概念「在

地風土人文在語文教學上的應用」是希望在現行教育體制下，可以將語文教學與鄉土教學結合，讓學童在最少的學習時間有最佳的學習收穫，也提供給在職教師參考之用。因為是新概念的建立，屬於理論建構，而非實證研究模式，所以我依照「理論建構在講究創新，大致上從概念的設定開始，經由命題的建立到命題的演繹及其相關條件的配置等程序而完成一套具體系且有創意的論說」（周慶華，2004：329）而不採用實證研究的體例，畢竟實證研究只適用在質性研究或量化方法。首先我先將概念設定：概念一，風土人文、澎湖的風土人文（自然生態、景觀名勝、風俗民情）；概念二，文化紮根、鄉土情懷、發展觀光、語文教學。再來建立命題：命題一，只要是有人居住的地區，就會有風土人文的存在；命題二，風土人文的意涵可以包括自然生態、景觀名勝、風俗民情等；命題三，風土人文的關懷在於文化紮根、培養鄉土情懷、發展推動觀光、語文涵養教學等。最後命題演繹則有六大價值，可以回饋研究者本身、可以回饋給地方教育、可以回饋給教材受教者、可以回饋給鄉土教材編輯者、可以回饋給語文教學者、可以回饋給其他離島。

　　研究問題與方法確立以後，就是研究範圍及限制。範圍我限定在澎湖的自然生態、澎湖的景觀與名勝、澎湖風土民情的特色、在語文教學上的應用、風土人文融入語文教學的推廣。不在上述研究範圍內的就是本研究的限制：（一）許多人文風俗因年代久遠已不可考；（二）風土人文資料繁複，礙於研究限制，只能擷取部分；（三）許多資料研究不易，只能採用專書及其他研究成果；（四）研究重點在風土人文在語文教學上的應用，其他領域則是不予討論。

　　第二章「文獻探討」部分，則是以現有的資料或是其他研究進行探討，藉由探討讓自己的對於題目的相關內容有初步的認知，也

可以讓我更明確自己研究的主題性，凸顯研究的價值所在。以現行的研究關於澎湖風土人文的相關書籍，擷取其中的資料討論，因為缺乏直接風土人文及風土人文在語文教學上的應用相關研究，所以從自然生態、風俗民情等進行探討；第二節擷取臺灣其他離島的風土人文相關資料與澎湖的進行比較，了解彼此的異同性；第三節探討澎湖風土人文在教學上應用現況，以澎湖縣文化局推廣的在地刊物、學校編輯鄉土教材、澎湖縣專屬閩南語教材為討論項目，並藉由訪談，讓分析更完備。第四節探討語文科教學與地方風土人文的結合，這節將以現行國語教科書為探討主題，探討各版本國語教科書的鄉土成分。

第三章探討「澎湖的自然生態」。澎湖的自然生態在本章分為海洋生物資源、陸上植物資源、季節鳥類資源三大類目。將這三大類目的相關研究及專書擷取內容補充說明或是探討。澎湖作為一個海島縣，海洋資源是澎湖最重要的資產，澎湖海洋資源的永續經營是澎湖重要的課題。永續生態才能讓海洋資源不虞匱乏，延伸的觀光產業也會跟著永續經營；澎湖的陸上植物受到天氣的影響，受限許多，但是也因此延伸出澎湖特色植物的相關產業，例如仙人掌、風茹草、蘆薈等，這些都已經成為澎湖新的觀光伴手禮，以及探討澎湖的防風林。澎湖處在黑潮支流、南海季風流及中國沿岸流交會處，有著豐富的海洋資源提供鳥類食用，還有大量的銀合歡可以提供候鳥棲息，所以成為許多鳥類棲息、孵育或休息的中繼站，也造就澎湖為「燕鷗天堂」。

第四章探討「澎湖的景觀與名勝」。澎湖的玄武岩地景豐富且完整，澎湖群島在中央及地方政府齊心協力向聯合國教科文組織申請「澎湖縣玄武岩地質公園」，讓全世界知道澎湖壯觀的玄武岩。

澎湖的玄武岩不僅是自然景觀，早期居民還將玄武岩運用在生活上，包括石滬、營頭、菜宅、生活用品、石塔、石敢當等，玄武岩與澎湖先民的生活息息相關；澎湖的廟宇及古蹟最有名的就是天后宮，它是全臺第一間媽祖廟，現在已經是國家一級古蹟。澎湖現有十六處國定古蹟及七處縣定古蹟，其中中央老街周圍古蹟最為密集，也是人文歷史最悠久的地區；澎湖的海岸線長，有沙岸、岩岸分布其間，岩岸多為天然良港。澎湖鄉下的村里幾乎是一村至少一港口，因此漁業也是早期先民主要的產業活動。硓𥑮石是澎湖特有的建築材料，硓𥑮石在澎湖先民的生活中運用相當廣泛，其中以住宅最有特色。

　　第五章探討「澎湖風俗民情的特色」。澎湖開發已久，許多地名已經更改數次，澎湖早期名稱叫作「平湖」，目前在地人對澎湖的閩南語發音依舊為「平湖」。澎湖現在許多地名對於在地人而言，只是正式地名，在地人仍以舊地名為閩南語發音；澎湖多港口，港口旁的村落多以漁業維生，漁民為了抵禦澎湖冬季強烈東北季風，所以將村子蓋在坡南，港口開向南邊。澎湖四面環海，海上小島林立，島嶼之間大多以船隻作為通勤工具。澎湖海上交通不僅作為在地居民通勤所用，在澎湖觀光產業發達的同時，船隻也是肩負澎湖觀光業重要的推手。澎湖雖為島縣，地域狹小，可是廟宇眾多，廟宇密度為全臺之冠。在地宗教及民俗活動相當豐富且多元。這幾年澎湖致力將在地特有的宗教民俗活動結合觀光產業，推動各項活動吸引遊客造訪。

　　第六章探討「澎湖的風土人文在語文教學上的應用性」。以四個面向進行討論，包括「離島文化紮根保證」、「培養鄉土情懷的依憑」、「語文涵養深廣化的著力點」、「發展離島觀光契機」。這章說

明風土人文與語文教學結合，讓學童在可以增廣鄉土見聞、培養學童的鄉土情懷的同時，又能將語文素養深廣化。

　　第七、八章探討「澎湖風土人文在語文教學應用的策略」、「澎湖風土人文結合語文的教學活動設計」。這兩章環扣四個項目進行說明，包括閱讀、說話、寫作及彈性課程。在第七章先談及這四個項目的教學策略及教學方式，第八章則是將第七章所說明的策略及方式轉化為教學設計，並且製作相關教材及學習單，以供參考。而教學活動規畫及相關課程安排則以澎湖縣風櫃國小三年級為例：

表 10-1-1　風土人文在語文教學上的應用策略及教學規畫

教學應用策略	教學設計概略說明
閱讀教學	運用閱讀課程授課。閱讀教學規畫從國語課本內容延伸教學。教師編輯相關教材文章提供學童閱讀，教師提問文章相關問題，學童共同討論，最後學童在教師引導下完成學習單寫作。
說話教學	運用本位鄉土授課。說話教學規畫解說古蹟。教師編輯古蹟解說本作為各組上臺解說的腳本，各小組可討論用在地人身分、記者或是演戲的方式上臺解說，臺下學童則是擔任評分者。
寫作教學	運用國語課程授課。寫作教學規畫看圖寫作。教師選擇幾幅主題圖像及短片供學童寫作之用。學童自行寫作前，全班先共作，從語詞到語句，再從語句到短文，讓學童逐步練習。
彈性課程	運用本位鄉土授課。彈性課程規畫看古蹟寫答案的遊戲。希望讓學童快樂的學習鄉土知識，為了增強學童的學習興趣，所以每答對一題就可獲得拼圖一片，全部答對就可得到古蹟拼圖。

　　我在規畫的考量是著眼於儘量避免影響正式課程，尤其現在國語課時數不足，所以運用其他彈性相關課程進行教學。

　　第九章探討「澎湖風土人文在語文教學上應用模式的推廣」。推廣層面包含：臺灣其他離島風土人文開發的借鏡、相關鄉土教材編撰的參照、厚植臺灣離島觀光資源的取徑。前面探討風土人文在語文教學上的應用及教學策略，以這樣的模式推廣在上述三層面，各離島要進一步開發風土人文可以藉由鄉土結合語文教學，讓有鄉土情懷的人以文化的方式發展離島；鄉土教材編輯可以一改以往偏向單純說明的形式，而是以語文篇章的形式呈現鄉土資訊，經語文教學後培養學童的鄉土情懷；更可以在厚植學童語文及鄉土情懷後，積極發展創意觀光。

第二節　未來展望

　　在地風土人文在語文教學上的應用是一個新教學模式的理論建構。風土人文對於一個人而言，是生活根本的總和。每個人都應該對於自己的家鄉有基本的認知及情感，這就是鄉土教育的作用。語文是現在教育單位最重視的區塊，從寫作到閱讀，都致力擬定計畫，由各級學校推廣。九年一貫實施後，領域課程時數比起舊課程來說，時數減少許多。學校在這麼緊縮的時數內，又要推廣鄉土教育，還有推動閱讀活動、訓練學童寫作，所以讓教學活動多效益是必要的。本研究只探討風土人文在語文教育上的應用模式、教學策

略及設計，而未碰觸到實際的鄉土結合語文教學的教材研發，這是未來可以再行研究的方向。

本研究基於研究限制，所以在澎湖的風土人文中，只能擷取部分資料進行探討。有些資料僅是表象的探討及歸納，所以未臻完備，以後可以再往這邊的方向去研究探討，對於某一方面的風土人文景象加深加廣研究，再將研究提取的資料進一步融入於語文教學，以及作教材相關研發。

「風土人文在語文教學上的應用」模式的理論建構，在本研究只是初步的探究，目的只是引起一個新的教學模式提供在職教師、教育單位、鄉土工作者、教科書編輯作為參考，其餘的如有新的發現，將來也都可以一併列入準備展望的範圍。

參考文獻

王少麟（2006），《臺灣箱網養殖發展海洋觀光之遊憩可行性研究》，
臺北：私立世新大學觀光學系碩士論文，未出版。

王奕期等（2005），《臺灣地理百科 61——臺灣的古蹟——南臺灣》，
臺北：遠足文化事業股份有限公司。

王新偉（2008），〈海洋部的地位以振興臺灣漁業為優先〉，《漁友》
第 363 期，40，臺北：臺灣省漁會。

王國裕（2004），《第六屆菊島文學獎得獎作品集》，澎湖：澎湖縣
文化局。

王國裕（2006），《第一屆菊島文藝營活動成果專輯》，澎湖：澎湖
縣文化局。

王鑫（2004），《臺灣地理百科 41——臺灣的特殊地景》，臺北：遠
足文化事業股份有限公司。

王鑫等（2005），《澎湖意象 The Penghu Vision》，澎湖：澎湖縣政府。

中華民國內政部戶政司（2008），《戶口人口統計》，網址：
http://www.ris.gov.tw/，點閱日期：2008.12.5。

方祖燊等（1975），《散文結構》，臺北：蘭臺書局。

朱光潛等（2001），《名家名著精選 03——名家談寫作》，臺北：牧
村圖書有限公司。

李光中、李培芬（2004），《臺灣地理百科 50——臺灣的自然保護區》，
臺北：遠足文化事業股份有限公司。

李宜君（2004），《臺灣地理百科 52——臺灣的再生空間》，臺北：
遠足文化事業股份有限公司。

李佳芳、葉信利（2008），〈為水產養殖永續生產之氮移除技術〉，
《水試專訊》第 23 期，23，基隆：行政院農業委員會水產試驗所。

李來圓等，（2005），《澎湖菊島紀行四澎湖重要生態資源解說手冊》，
澎湖：交通部觀光局澎湖國家風景區管理處。

李珊銘（2006），《澎湖海鱺箱網養殖漁業建置永續發展指標系統之研究》，基隆：國立臺灣海洋大學環境生物與漁業科學學系碩士論文，未出版。

李素芳（2001），《臺灣地理百科04——臺灣的海岸》，臺北：遠足文化事業股份有限公司。

李素芳（2004），《臺灣地理百科17——臺灣的燈塔》，臺北：遠足文化事業股份有限公司。

李乾朗、俞怡萍，（2000），《古蹟入門》，臺北：遠流出版事業股份有限公司。

李乾朗（2004），《古蹟新解——珍重故事的舞臺》，臺北：藝術家出版社。

李鎮岩（2001），《臺灣地圖09——臺灣古蹟地圖》，臺中：晨星出版有限公司。

余榮欽等（2004），《FORMOSA 海‧天‧蘭嶼》，臺北：泛亞國際文化科技股份有限公司。

余政賢（2004），〈臺北縣「鄉土地圖融入教學」設計理念與實務〉，《國民教育》第44卷六期，23，臺北：國立臺北教育大學。

余學敏（2004），〈鄉土教學至善經驗〉，《教師天地》第131期，52，臺北：臺北市教師研習中心。

沃克漫青（2004），《臺灣地理百科34——臺灣的人文步道》，臺北：遠足文化事業股份有限公司。

吳忠魁（2000），《讀說聽寫樣樣通》，臺北：正展出版公司。

吳美賢（2009），《臺東縣旅遊摺頁冊廣告訊息內容分析》，臺東：國立臺東大學區域政策與發展研究所碩士論文，未出版。

吳麗櫻（2008），《九年一貫國小國語教科書中鄉土文化內容之研究》，臺東：國立臺東大學語文教育研究所碩士論文，未出版。

邢小萍（2008），〈當閱讀教學遇見閱讀素養〉，《教師天地》第154期，34，臺北：臺北市教師研習中心。

何立德、王鑫（2004），《臺灣地理百科06——臺灣的珊瑚礁》，臺北：遠足文化事業股份有限公司。

何琦瑜、吳毓珍（2008），《教出寫作力》，臺北：天下雜誌股份有限公司。

呂玉如（2008），《繪本意向性閱讀教學研究》，臺東：國立臺東大

學兒童文學研究所碩士論文，未出版。

走過歲月——澎湖縣古蹟網（2009），《澎湖古蹟一覽表》，網址：http://www.phhg.gov.tw/chinese/depart/civil/sp.htm，點閱日期：2009.6.26。

周慶華（2003），《閱讀社會學》，臺北：揚智文化事業股份有限公司。

周慶華（2004），《語文研究法》，臺北：洪葉文化事業有限公司。

周慶華（2007），《語文教學方法》，臺北：里仁書局。

周慧菁（2006），《環境臺灣》，臺北：天下雜誌股份有限公司。

林文義（1997），《赤腳童顏——五〇年代兒時印像圖繪》，澎湖：澎湖縣立文化中心。

林宏城（2002），《澎湖觀光事業開發政策之行銷策略研究》，臺中：東海大學公共事務碩士在職專班碩士論文，未出版。

林長興等（1992），《澎湖群島之地質與地形》，澎湖：澎湖縣文化基金會。

林長興、蕭志榮（1998），《澎湖的鄉土植物》，澎湖：澎湖縣政府。

林長興等（2000），《澎湖縣野生動物保育宣導叢書——澎湖縣生態保育手冊》，澎湖：澎湖縣政府。

林玫伶（2008），〈深耕閱讀的下一步～培養興趣及習慣、增進理解及思考能力〉，《教師天地》第154期，29，臺北：臺北市教師研習中心。

林孟儀（2008），〈神祕感才是最致命的吸引力〉，《遠見雜誌》第266期，265，臺北：天下遠見出版股份有限公司。

林孟龍、陳永森（2004），《臺灣地理百科39——臺灣的國家風景區》，臺北：遠足文化事業股份有限公司。

林季瑩、鄭偉宏（2009），《怒被生財消費　潘安邦要告澎湖縣府》，網址：http://www.nownews.com/，點閱日期：2009.7.19。

林雅卿、潘靖瑛（2004），〈花蓮縣「鄉土教學活動」課程實施之調查研究〉，《慈濟大學教育研究學刊》創刊號，9，花蓮：私立慈濟大學。

洪敏麟（1985），《民族文化叢書第十五種·臺灣地名沿革》，臺中：臺灣省政府新聞處。

洪國雄（1997），《鹹水煙下的澎湖植物》，澎湖：澎湖縣立文化中心。

洪國雄（2000），《澎湖海邊常見的生物》，澎湖：澎湖縣文化局。

洪國雄（2001），《澎湖縣海洋永續利用叢書──疼惜咱的海》，澎湖：澎湖縣政府、澎湖縣農漁局。

洪常明（2004），《澎湖地區居民生態旅遊認知與發展生態旅遊態度之研究》，臺中：國立臺中師範學院環境教育研究所碩士論文，未出版。

柯金源、葉怡君（2006），《我們的島》，臺北：玉山社出版事業股份有限公司。

柯欣瑋摘譯（2008），日刊水產經濟新聞著（2008），〈地球生態系及人類糧食資源之確保〉，《國際漁業資訊》第 190 期，63~65，基隆：國立臺灣海洋大學。

馬公市公所網站（2009），網址：http://www.mkcity.gov.tw/，點閱日期：2009.6.9。

倪進誠（2004），《臺灣地理百科 25──臺灣的離島》，臺北：遠足文化事業股份有限公司。

涂雅惠摘譯（2008），Seafood International 著（2008），〈漁業者應負擔永續漁業所衍生之管理成本〉，《國際漁業資訊》第 190 期，52~53，基隆：國立臺灣海洋大學。

夏萬浪（2008），〈澎湖寒潮魚害結束？〉，《漁友》第 363 期，19~20，臺北：臺灣省漁會。

徐右任（2001），〈以遊戲教學法進行說話課程〉，《師說》第 150 期，38，彰化：中華民國全國教育會。

高怡萍（1998），《澎湖縣文化叢書──澎湖群島的聚落、村廟與犒軍儀式》，澎湖：澎湖縣文化局。

高明瑞等（2007），《綠色行銷》，臺北：國立空中大學。

高敬堯（2006），《國小學童記敘文的擴寫研究》，臺東：國立臺東大學語文教育學系碩士論文，未出版。

陳仕賢（2006），《臺灣地理百科 72──臺灣的媽祖廟》，臺北：遠足文化事業股份有限公司。

陳志東（2008），〈澎湖休閒漁業　冬季好吃又好玩〉，《漁友》第 362 期，42，臺北：臺灣省漁會。

陳邦泓（2007），《澎湖縣鄉土教學資源中心發展定位與轉型策略之研究》，高雄：國立中山大學公共事務管理研究所碩士論文，未出版。

陳明義等（1991），《國民旅遊叢書──澎湖植物簡介》，臺北：交通部觀光局。

陳炳容（1996），《金門學叢刊──金門風獅爺》，臺北：稻田出版有限公司。

陳皇任（2006），《綠島生態旅遊永續經營之研究──生態足跡法》，基隆：國立臺灣海洋大學應用經濟研究所碩士論文，未出版。

陳瑞峰、林靜慧譯（2008），Leonard H. Hoyle 著，《活動行銷──節慶、會議、展覽與觀光專案》，臺北：揚智文化事業股份有限公司。

陳耀明（1995），《澎湖縣文化資產叢書──澎湖的廟神》，澎湖：澎湖縣立文化中心。

陳耀宗（2002），《觀光導向社區警察與民眾治安需求之研究──以澎湖地區觀光發展為例》，嘉義：國立中正大學犯罪防治研究所碩士論文，未出版。

馮永敏（2001），《九年一貫語文統整教學學術研討會論文集──展開過程 揭示規律──試探九年一貫本國語文統整教學的實施》，臺北：臺北市立師範學院語文教育學系。

梁仲容（1998），〈從聽說活動歷程談國小說話教學〉，《國教之友》第 50 卷第 1 期，39，臺南：國立臺南大學國教之友社、財團法人國立臺南師範學院校務發展文教基金會。

許菊美等（1993），《關山萬里行──澎湖的候鳥觀賞》，澎湖：澎湖縣立文化中心。

商累仁（2007），《澎湖離島「替代觀光」發展之研究──吉貝與望安的個案──》，臺北：世新大學觀光學系碩士論文，未出版。

曹永和（2002），〈澎湖在海洋發展史上的地位〉，《澎湖研究第一屆學術研討會論文輯》，4，澎湖：澎湖縣文化局。

郭志榮（2008），〈澎湖魚群死亡事件〉，《大自然季刊》第 99 期，50~52，臺北：中華民國自然生態保育協會。

張志遠（2007），《臺灣地理百科 91──臺灣的古城》，臺北：遠足文化事業股份有限公司。

張美紅（2004），《澎湖旅行書：澎湖縣民俗人文與海天景色遨遊》，臺北：愛書人雜誌有限公司。

張玲霞（2006），《國語文別瞎搞》，臺北：新手父母出版。

張清榮等（2009），《南一版國語課本第六冊》，臺南：南一書局企

業股份有限公司。

張鈞莉等（1996），《臺閩地區的古蹟與歷史建築》，臺北：教育部人文及社會學科教育指導委員會。

張漢宜（2008），〈橫濱 突破東京光環 衛星城出頭〉，《天下雜誌》第 390 期，110，臺北：天下雜誌股份有限公司。

張嘉真（1997），《說話與作文教學》，臺北：富春文化事業股份有限公司。

張麗芳（2007），《南投縣國小教師自編鄉土教材融入各領域教學活動之內容分析研究》，嘉義：國立中正大學教育學研究所碩士論文，未出版。

國民教育社群網（2009），網址：http://teach.eje.edu.tw/indexnolog.php，點閱日期：2009.7.6。

國語日報出版中心（2005），《新編國語日報辭典》，臺北：國語日報社。

曾盛甲（2004），《鍾肇政小說鄉土情懷之研究──以《大壩》與《大圳》為例》，
臺北：國立臺灣師範大學國文研究所教學碩士學位班碩士論文，未出版。

曾瑞雲（2003），《國小三年級實施看圖作文教學之行動研究》，嘉義：國立嘉義大學國民教育研究所碩士論文，未出版。

黃丁盛（2004），《臺灣地理百科 22──臺灣的節慶》，臺北：遠足文化事業股份有限公司。

黃有興（1992），《協和臺灣叢刊──澎湖的民間信仰》，臺北：臺原出版社。

黃有興、甘村吉（2003），《澎湖縣文化資產叢書──澎湖民間祭典儀式與應用文書》，澎湖：澎湖縣立文化中心。

黃作炎（2001），《跟著電影去旅行》，臺北：華文網股份有限公司第六出版事業部・集思書城。

黃沼元（2004），《臺灣地理百科 16──臺灣的老街》，臺北：遠足文化事業股份有限公司。

黃柏勳（2007），《發現臺灣古蹟》，臺中：展讀文化事業有限公司。

葉連鵬（2005），〈海洋文化與澎湖文學〉，《澎湖研究第四屆學術研討會論文輯》，117~119，澎湖：澎湖縣文化局。

葉慈芬（2001），〈淺談兒童說故事教學〉，《國教天地》第 143 期，

93，屏東：國立屏東教育大學。

湯順禎（2007），〈艋舺舊社區　教育新資源〉，《教師天地》第147
　　期，72~76，臺北：臺北市教師研習中心。

黑潮海洋文教基金會（2004），《臺灣地理百科51——臺灣的漁港》，
　　臺北：遠足文化事業股份有限公司。

楊美伶、蘇瑛晶（2005），〈優質學校在福德～深耕語文教育～〉，
　　《教師天地》第139期，65~72，臺北：臺北市教師研習中心。

楊慧梅、梁美玲（2004），《連江風雲》，臺北：愛書人雜誌有限公司。

臺南縣教育局（1999），《教育基本法》，網址：http://edu2.tnc.edu.tw/
　　files01/%B1%D0%A8|%B0%F2%A5%BB%AAk.htm，點閱日期：
　　2009.7.9。

趙蓮英（2007），《臺東縣國小六年級學童鄉土知識與鄉土認同之研
　　究》，臺東：國立臺東大學教育行政研究所碩士論文，未出版。

肇瑩如（2006），《聯合知識庫——審核委員驚豔　澎湖玄武岩　具世
　　潰水準》，網址：http://udndata.com/，點閱日期：2009.7.11。

蔡玲等（2004），《打造孩子閱讀的桃花源——親子共讀指導手冊》，
　　臺北：臺北市政府教育局。

蔡清田、雲大維（2007），〈影響國小教師鄉土教育課程決定因素之
　　研究〉，《屏東教育大學學報教育類》第29期，101，屏東：屏
　　東教育大學。

蔡培慧等（2004），《臺灣地理百科36——臺灣的舊地名》，臺北：
　　遠足文化事業股份有限公司。

蔡萬生（2006），《章魚之宿命》，網址 http://tw.myblog.yahoo.com/
　　knife2856-remy403/，點閱日期：2008.12.10。

蔡萬生等（2008），〈澎湖內灣海域的漁業現況〉，《水試專訊》第
　　23期，21~22，基隆：行政院農業委員會水產試驗所。

蔡愛清（2000），《澎湖縣作家作品集16——野菊心事》，澎湖：澎
　　湖縣文化局。

蔡麗秋、林長興（2008），《澎湖地質公園系列——小門嶼的故事》，
　　澎湖：澎湖縣政府農漁局

劉淑玲（2006），《澎湖地質公園：自然地景與生態保育篇》，澎湖：
　　澎湖縣政府。

劉淑玲（2009），《澎湖海洋地質公園》，澎湖：澎湖縣政府農漁局。

澎湖縣政府（1997），《澎湖縣綜合發展計畫——環境保育與保護部門發展畫》，澎湖：澎湖縣政府。

澎湖縣政府（2008），《澎湖縣地圖》，網址：http://www.penghu.gov.tw/，點閱日期：2008.12.1。

歐成山（1996），《澎湖地名之旅》，臺北：澎湖縣政府。

歐新通（2004），《澎湖地區硓𥑮石建築灰漿之研究》，臺南：國立成功大學建築研究所碩士論文，未出版。

鄭玉疊（2003），〈語文領域趣味化的說話教學〉，《北縣教育》第45期，71，臺北：臺北縣政府。

鄭茂春（2000），〈彈性課程的建構觀與教育原則〉，《師友》第400期，26~27，臺中：臺灣省公立中小學校教職員福利金籌集管理委員會。

鄭謙遜（1999），《澎湖海島的鳥類資源》，澎湖：澎湖縣政府。

鄧美君（2004），〈培養說話高手——說話教學策略之研討〉，《師友第446期》，70，臺中：臺灣省公立中小學校教職員福利金籌集管理委員會。

潘麗珠（2004），〈我對閱讀的一些看法〉，《教師天地》第129期，20，臺北：臺北市教師研習中心。

賴文福譯（2000），David M. Fetterman 著，《民族誌學》，臺北：旭昇。

賴峰偉（2003），《青青草原》，澎湖：澎湖縣政府。

賴慶雄等（2004），《康軒版國語課本第十一冊》，臺北：康軒文教事業股份有限公司。

戴振宇（2004），《臺灣地理百科01——臺灣的城門與砲臺》，臺北：遠足文化事業股份有限公司。

魏宏晉（2004），《臺灣地理百科09——臺灣的國家公園》，臺北：遠足文化事業股份有限公司。

蕭志榮（2006），《澎湖群島植物分佈與島嶼植物地理學之研究》，臺中：靜宜大學生態學系碩士論文，未出版。

顏忠賢（1996），《影像地誌學——邁向電影空間理論的建構》，臺北：萬象圖書公司。

羅秋昭（1998），〈如何加強說話教學〉，《北師語文教育通訊》第5期，34~35，臺北：臺北市立師範學院。

嚴長壽（2008），《我所看見的未來》，臺北：天下文化出版股份有

限公司。

蘇俊銘（2008），《地方發展觀光產業經營策略之研究——臺東縣關山鎮個案探討》，臺東：國立臺東大學區域政策與發展研究所公共事務管理在職專班碩士論文，未出版。

鐘玄惠（2002），《國小教師實施創造性寫作教學之研究》，嘉義：國立嘉義大學國民教育研究所碩士論文，未出版。

鐘云霜（2007），《澎湖地區硓𥑮石建築外牆灰漿劣化狀況資料庫建立之研究》，雲林：雲林科技大學文化資產維護系碩士論文，未出版。

國家圖書館出版品預行編目

澎湖的風土人文與語文教學 / 鄭揚達著. -- 一版.
-- 臺北市：秀威資訊科技，2010.06
面 ；　公分. -- (社會科學類　AF0137)
BOD 版
參考書目：面
ISBN 978-986-221-484-8 (平裝)

1.鄉土教學　2.語文教學　3.澎湖縣

528.6　　　　　　　　　　　99008423

社會科學類　AF0137

東大學術㉕
澎湖的風土人文與語文教學

作　　者 / 鄭揚達
發 行 人 / 宋政坤
執行編輯 / 林泰宏
圖文排版 / 郭靖汶
封面設計 / 陳佩蓉
數位轉譯 / 徐真玉　沈裕閔
圖書銷售 / 林怡君
法律顧問 / 毛國樑　律師
出版印製 / 秀威資訊科技股份有限公司
　　　　　台北市內湖區瑞光路 583 巷 25 號 1 樓
　　　　　電話：02-2657-9211　　　傳真：02-2657-9106
　　　　　E-mail：service@showwe.com.tw
經 銷 商 / 紅螞蟻圖書有限公司
　　　　　台北市內湖區舊宗路二段 121 巷 28、32 號 4 樓
　　　　　電話：02-2795-3656　　　傳真：02-2795-4100
　　　　　http://www.e-redant.com

2010 年 6 月 BOD 一版
定價：360 元

讀 者 回 函 卡

感謝您購買本書，為提升服務品質，煩請填寫以下問卷，收到您的寶貴意見後，我們會仔細收藏記錄並回贈紀念品，謝謝！

1. 您購買的書名：_____

2. 您從何得知本書的消息？

　　□網路書店　□部落格　□資料庫搜尋　□書訊　□電子報　□書店

　　□平面媒體　□ 朋友推薦　□網站推薦　□其他_____

3. 您對本書的評價：(請填代號　1.非常滿意 2.滿意 3.尚可 4.再改進)

　　封面設計____　版面編排____　內容____　文/譯筆____　價格____

4. 讀完書後您覺得：

　　□很有收獲　□有收獲　□收獲不多　□沒收獲

5. 您會推薦本書給朋友嗎？

　　□會　□不會，為什麼？_____

6. 其他寶貴的意見：_____

_____

_____

_____

讀者基本資料

姓名：_____　年齡：_____　性別：□女 □男

聯絡電話：_____　E-mail：_____

地址：_____

學歷：□高中(含)以下　□高中　□專科學校　□大學

　　　□研究所(含)以上 □其他_____

職業：□製造業 □金融業 □資訊業 □軍警 □傳播業 □自由業

　　　□服務業 □公務員 □教職　□學生 □其他_____

（請沿線對摺寄回,謝謝!）

秀威與 BOD

BOD（Books On Demand）是數位出版的大趨勢，秀威資訊率先運用 POD 數位印刷設備來生產書籍，並提供作者全程數位出版服務，致使書籍產銷零庫存，知識傳承不絕版，目前已開闢以下書系：

一、BOD 學術著作—專業論述的閱讀延伸
二、BOD 個人著作—分享生命的心路歷程
三、BOD 旅遊著作—個人深度旅遊文學創作
四、BOD 大陸學者—大陸專業學者學術出版
五、POD 獨家經銷—數位產製的代發行書籍

BOD 秀威網路書店：www.showwe.com.tw
政府出版品網路書店：www.govbooks.com.tw

永不絕版的故事・自己寫・永不休止的音符・自己唱